HEYNE BÜCHER
SPHINX

Jean Shinoda Bolen

Das Tao der Psychologie

Sinnvolle Zufälle

WILHELM HEYNE VERLAG
MÜNCHEN

SPHINX BEI HEYNE
Herausgegeben von Michael Görden
Nr. 13/3033

Aus dem Amerikanischen
von Evi Glauser

Umwelthinweis:
Dieses Buch wurde auf
chlor- und säurefreiem Papier gedruckt.

Die Originalausgabe erschien unter dem Titel
THE TAO OF PSYCHOLOGY
im Verlag Harper & Row, San Francisco, USA
Die deutschsprachige Ausgabe erschien zuerst 1989
im Sphinx Medien Verlag, Basel

Printed in Germany 1998
Umschlaggestaltung: Atelier Adolf Bachmann, Reischach
Umschlagabbildung: Atelier Adolf Bachmann, Reischach
Technische Betreuung: Sibylle Hartl
Satz: Pinkuin Satz- und Datentechnik, Berlin
Druck und Bindung: Elsnerdruck, Berlin

ISBN 3-453-14116-4

Inhalt

Wäre der Punkt nicht, der stete,
so wäre der Tanz nicht –
und es gibt nichts als den Tanz.

T. S. Eliot

Für Jim, Melody und Andy –
im Tanz um den steten Punkt

Einleitung

Wenn der Schüler bereit ist, zeigt sich der Meister. Dieses alte chinesische Sprichwort drückt einen Grundgedanken der östlichen Weltanschauung aus, wonach zwischen der menschlichen Psyche und äußeren Erscheinungen, zwischen der inneren und der äußeren Welt ein Zusammenhang besteht. Die Synchronizität, von C. G. Jung als ›sinnvolle Koinzidenz‹ definiert, ist eine der Möglichkeiten, wie sich dieser Zusammenhang in unserem täglichen Leben äußern kann. Für den östlichen Menschen ist die Verbindung zwischen dem einzelnen und den anderen, zwischen dem einzelnen und dem Universum, die wesentliche Wirklichkeit oder das Tao. Für jene, die die Macht von Ereignissen, Träumen und Begegnungen erfahren haben, denen eine sie transzendierende Bedeutung innezuwohnen scheint, kann das Tao ein Fenster zu einer Welt sein, die größer und vollständiger ist als die Welt der logischen Argumentation und der konkreten Tatsachen.

Da ich mich im folgenden mit dem Allverbundensein und mit der Ganzheit befassen werde, ist der Aufbau dieses Buches nicht linear; vielmehr handelt es sich um eine Art Reise, bei der wir das Thema umkreisen oder, um Jungs zungenbrecherisches Wort zu benützen, um eine ›Circumambulation‹, die Aspekte enthüllt, in den Brennpunkt rückt und wie eine Momentaufnahme erhellt – ähnlich der Raumsonde Pioneer, die die Venus umkreiste und verschiedene Aufnahmen von ihr machte. Die einzelnen

Kapitel sind wie diese Fotos; jedes Kapitel zeigt einen Aspekt der Synchronizität und des Tao aus einer anderen Perspektive auf.

Meine erste Berührung mit dem Tao fand aufgrund persönlicher Erfahrungen statt – die Erklärungen folgten später. Für jene Leserinnen und Leser, die einen theoretischen Ansatz bevorzugen, möchte ich die Erklärungen wiedergeben, die sich aus meinen Erfahrungen ergaben; ich werde den Begriff erläutern, wonach die Synchronizität gleichbedeutend mit dem Tao ist, und die Gründe darlegen, weshalb es uns Menschen des Westens schwerfällt, das östliche Konzept der allem zugrundeliegenden Wirklichkeit zu erfassen. Bei jenen Leserinnen und Lesern, die einen praxisorientierten Ansatz bevorzugen, steigt vielleicht die Erinnerung an eine frühere Tao-Erfahrung auf, dank der die Idee der allem zugrundeliegenden Wirklichkeit intuitiv erfaßt werden kann.

Meine Kenntnisse von Jungs Konzept der Synchronizität, der Archetypen des kollektiven Unbewußten und des Selbst eignete ich mir während meiner Laufbahn als Psychiaterin an. Ein Verständnis der Jungschen Theorie ist hilfreich, um die Synchronizität in ihrer ganzen Tragweite zu begreifen, doch kann sie auch mittels der in den einzelnen Kapiteln angeführten Beispiele und Beschreibungen erfaßt werden.

Der unmittelbare Zugang zur Synchronizität eröffnet sich uns, wenn wir darauf achten, wie sie sich im täglichen Leben äußert. Im folgenden werde ich die Methoden darlegen, die ich entwickelt habe, um ein synchronistisches Ereignis zu erkennen und seinen möglichen Sinn zu ergründen, und um zu verstehen, wie jedes synchronistische Ereignis uns mit einem spezifischen Aspekt unserer selbst verbinden und wie es unser Verbundensein mit anderen enthüllen kann.

Abgesehen davon, daß sich mit der Synchronizität alltägliche Ereignisse erklären lassen, vermittelt sie uns neue Einblicke in gewisse Zusammenhänge. Das *I Ging* beispielsweise ist eine Orakelbefragungsmethode, mit der ein Befrager mittels der Synchronizität bewußt eine Deutung herbeiführt, die ihm zu einer dem Zeitpunkt und der Situation angemessenen Handlung oder Haltung rät. Die Synchronizität erhellt die parapsychologische Forschung, mit der die Existenz von Verbindungen zwischen dem einzelnen und anderen Menschen oder Gegenständen bewiesen wird.

Die Synchronizität ist vor allem deshalb so wertvoll, weil sie uns mit einem intuitiv erfaßbaren, sinnvermittelnden Prinzip in unserem Leben zu verbinden vermag, dank dem wir einen ›Weg mit Herz‹, ein *tao*, eine Möglichkeit, mit dem Universum in Harmonie zu leben, finden können. Die Synchronizität kann uns erkennen lassen, wann wir uns auf dem richtigen Weg befinden und wann nicht.

Zutiefst in unserem Inneren kann uns die Synchronizität schließlich zur Bewußtheit verhelfen, daß wir ein Teil sind von etwas, das weitaus größer ist als wir selbst, und uns ein Gefühl der Ganzheit im Archetypus des Selbst vermitteln, der metaphorisch durch die Gralssage, die Idee vom Reich Gottes oder durch die Rückkehr zum Tao ausgedrückt wird.

Dank

Ich möchte mich bei folgenden Personen ganz herzlich dafür bedanken, daß sie mich an einem synchronistischen Ereignis teilhaben ließen, mich redaktionell berieten, mir hilfreiche Informationen vermittelten, mir beim Abtippen des Manuskripts behilflich waren oder auf irgendeine andere Weise dazu beitrugen, daß dieses Buch entstanden ist:

David F. Brown, Lois Bullis, Marie Cantlon, Georgiana Cummings, Tenita Deal, Mary Ivy Dekker, Kathleen Gauen, James Goodwin, Jean Hayes, Kay Hensley, Ann Hogle, Nancy Haugen, Chauncey Irvine, Donna Kasper, David Lombardi jr., Irene Peck, Linda Purrington, Sarah Rush, Cornelia Schulz, Nancy Scotton, Frederick Steele, Lynn Thomas, Judy Vibberts, Kimberley Wilkins, Carol Wolman, Jim Yandell. Obwohl ich die Verfasserin dieses Buches bin, erlebte ich mich gleichzeitig als privilegierte Teilnehmerin an einem synchronistischen Geschehen. Schon von Anfang an spielten glückliche Zufälle eine wichtige Rolle, da Menschen und Ereignisse an der Entstehung und Veröffentlichung dieses Buches mitwirkten und mich bei meiner Arbeit unterstützten und förderten. Überdies vertraue ich darauf, daß dieses Buch – auf synchronistische Weise – jene Menschen und Orte erreicht, für die es bestimmt ist.

Jean Bolen, Mill Valley, Kalifornien

Das Tao, das enthüllt werden kann,
ist nicht das ewige Tao.
Der Name, der genannt werden kann,
ist nicht der ewige Name.

Das Namenlose ist das Beginnen
von Himmel und Erde.
Das Benannte ist die Mutter
der zehntausend Dinge.

Lao Tse, *Tao-Te-King*
(Bearbeitung von Gia-Fu Feng und Jane English)

KAPITEL 1

Was das Tao ist ... Was der Tanz ist

*Persönliche Betrachtungsweisen zum Verständnis des Tao in der östlichen Religion * Inwiefern die Synchronizität das einzige psychologische Äquivalent für das Tao ist * Weshalb dem westlichen Menschen dieses Konzept so große Mühe bereitet – weil sein Verstand auf eine bestimmte Art funktioniert.*

Als ich ein Kind war, ging ich hin und wieder in die Berge. Lag ich dann in meinem Schlafsack unter dem Sternenhimmel und betrachtete die unendliche Weite der Milchstraße, so wurde meine Seele von dem ergriffen, was meine Augen sahen. Ehrfurcht und Respekt erfüllten mich angesichts der Grenzenlosigkeit und Schönheit des Universums. Es berührte mich. Ich spürte Gottes Gegenwart in den Bergen, den Bäumen und dem unermeßlichen Himmel. Was über mir war und um mich herum und mich umfaßte, war grenzenlos, unendlich und lebendig. Manchmal schwebten Wolken leicht dahin. Oder ich sah eine Sternschnuppe, sprach einen Wunsch aus und glitt irgendwann von der Welt des Schauens in die Welt der Träume. Ich empfand Geborgenheit. Wenn der Morgen kam, frisch und belebend, wachte ich auf und sah einen blauen oder einen grauen Himmel oder eine herrliche Dämmerung in Gold und Orange. Und dann konnte ich am klaren Himmel keinen einzigen Stern mehr erkennen. Es war Zeit, aufzustehen, etwas zu unternehmen, mich mit etwas zu beschäftigen.

Meistens sind wir alle sehr beschäftigt und setzen uns mit Menschen und all dem, was getan werden muß, auseinander. Wir konzentrieren uns auf das, was vor uns liegt, und befassen uns in der Hektik und im Gedränge des Alltags mit den konkreten Dingen des Lebens. Im Licht des Alltags können wir die Sterne nicht sehen. Und nachts nehmen wir wegen der Lichter der Städte und der von uns erzeugten Luftverschmutzung den Himmel kaum noch wahr. Wir sind eingeschlossen in Gebäude, eingemauert, und haben die Natur um uns herum ausgeschlossen. Abends werden wir von irgendwelchen Ereignissen zu sehr in Anspruch genommen, als daß wir aufblicken und uns vom ehrfurchteinflößenden Nachthimmel ergreifen lassen könnten. Doch die Sterne sind da, ob wir sie wahrnehmen oder nicht. Es gibt ein sich ausdehnendes, unendliches, zeitloses und sich dennoch bewegendes Universum, und wir sind ein Teil davon. Dieses intuitive Wissen, das wir erlangen können, wenn wir nachts ein Stückchen Himmel betrachten, gleicht vielleicht der Erfahrung, die der Zenschüler in der Meditation sucht – jenem Augenblick der plötzlichen Erleuchtung, in dem man die *Vision des Tao* erlebt.

Ob ich unter dem Sternenhimmel liege oder in der Haltung des Zazen sitzend meditiere oder in ein Gebet versunken bin, das *intuitive* Wissen, daß es ein strukturiertes Universum gibt oder einen jeglicher Erfahrung *zugrundeliegenden* Sinn oder eine Urquelle, *mit der das Ich verbunden ist,* löst stets ein Gefühl der Ehrfurcht aus. Es ist etwas, das eher dem Wissen und nicht dem Denken entspringt, weshalb Erklärungen unangemessen sind; daher sagt Lao Tse am Anfang des *Tao Te King:* »Das aussagbare Tao ist nicht das ewige Tao.« Beispiele tragen jedoch zum Verständnis bei, denn beinahe jeder Mensch hat, zumeist in der frühen Kindheit, das, was man *Tao* nennt, andeutungsweise erfahren.

Der Künstler Frederick Franck, Verfasser von *The Zen of Seeing: Seeing/Drawing as Meditation,* schildert einen Augenblick des intuitiven Einblicks in diese Wirklichkeit, die er von einem introvertierten Standpunkt aus erlebte (im Gegensatz dazu war meine Erfahrung unter dem Sternenhimmel eine extravertierte; ich hatte teil an etwas, das ›dort draußen‹ zu sein schien, das mich jedoch gleichzeitig mit einschloß):

> An einem trüben Nachmittag – ich war zehn oder elf – ging ich eine Landstraße entlang. Links ein Flecken Krauskohl, rechts gelb gewordener Rosenkohl. Ich spürte eine Schneeflocke auf meiner Wange, und am fernen, grau verhangenen Himmel sah ich einen Schneesturm langsam näher rücken. Ich blieb stehen.
>
> Nun wirbelten einige Flocken um meine Füße. Die einen schmolzen, als sie den Boden berührten. Andere blieben unversehrt. Dann hörte ich, wie der Schnee mit einem überaus sanften Zischen fiel.
>
> Wie angewurzelt stand ich da, hörte zu … und wußte, was nie in Worte gefaßt werden kann: daß das Natürliche übernatürlich ist, daß ich das Auge bin, das hört, und das Ohr, das sieht. Und daß das, was außen ist, in meinem Inneren geschieht, daß Außen und Innen untrennbar sind.[1]

Obwohl die Essenz dessen, was intuitiv erfahrbar ist – wie zum Beispiel das ewige Tao oder die Wirklichkeit Gottes – nicht vollständig oder angemessen in Worten ausgedrückt werden kann, weil ihm eine Qualität der Offenbarung eignet, können Worte dennoch eine ungefähre Vorstellung übermitteln. Folglich ist es sinnvoll, über das, was Worte nie ganz vermitteln können, zu reden, weil auf diese Weise der Weg für eine spätere Erfahrung geebnet werden kann. Mit dem intellektuellen Wissen um spirituelles Gedankengut sowie mit einer bejahenden, empfänglichen und offenen Haltung ist der Grundstein zu einer intuitiv erfaßbaren Erfahrung gelegt, die sich in der Folge einstellen kann. Dasselbe besagt auch das östliche Sprichwort: Wenn der Schüler bereit ist, zeigt sich der Meister.

Für das ewige oder das große Tao werden viele Bezeichnungen verwendet, die alle die Idee wiedergeben, daß ein ewiges Gesetz oder Prinzip am Werk ist, und dem zugrunde liegt, was als ständig sich verändernde und sich bewegende Welt erscheint. Die Taoisten gaben diesem Prinzip viele Namen, wie zum Beispiel die Ur-Einheit und -Quelle, die Kosmische Mutter, das Unendliche und Unaussprechliche Prinzip des Lebens, das Eine. Das Tao wurde als das Richtige, als die moralische Ordnung, das Prinzip, das Wesen der Lebenskräfte, die Vorstellung von der Welt, die Methode oder als der Weg bezeichnet. Einige haben es sogar mit Gott übersetzt. Richard Wilhelm, Sinologe und Übersetzer des *I Ging*, übertrug den Begriff *Tao* mit ›Sinn‹. In mancherlei Hinsicht ähnelt der Begriff Tao dem griechischen Logos. In modernen Übersetzungen des Neuen Testaments ins Chinesische wird *Logos* mit *Tao* wiedergegeben; das Johannesevangelium beginnt also folgendermaßen: »Im Anfang war das Tao.«

Immer, wenn versucht wird, das Tao zu erklären, werden Metaphern gebraucht oder Worte, die für abstrakte Vorstellungen stehen. Im *Tao Te King*[2] heißt es:

Das Tao ist ein leeres Gefäß;
es wird genutzt, aber niemals gefüllt.

Oh, tief verborgen und doch stets gegenwärtig!
Ich weiß nicht, woher es kommt.

Das zuhöchst Gute ist dem Wasser vergleichbar.
Das Wasser schenkt den zehntausend Dingen Leben
und müht sich dabei nicht.
Es fließt an Orte, die Menschen abweisen,
und darin ist es wie das Tao.

Schaue, es kann nicht gesehen werden –
es ist jenseits von Form.
Lausche, es kann nicht gehört werden –
es ist jenseits von Klang.
Greife zu, es kann nicht gehalten werden –
es ist ungreifbar.

Das Tao ist verborgen und namenlos.
Das Tao allein nährt alles und bringt es
zur Vollendung.

Das große Tao fließt überallhin, nach links
wie nach rechts.
Die zehntausend Dinge werden durch es bedingt;
es hält nichts zurück.

Allen wichtigen östlichen Religionen – dem Hinduismus, Buddhismus, Konfuzianismus, Taoismus sowie dem Zen-Buddhismus – liegt die Erfahrung des Tao oder eines vereinigenden universellen Prinzips zugrunde, mit dem alles auf der Welt zusammenhängt. Obwohl jede Religion diese Erfahrung anders benennt, bleibt der Grundgehalt aller Strömungen der östlichen Mystik derselbe, nämlich der, daß sämtliche Erscheinungsformen wie Menschen, Tiere, Pflanzen und Dinge – von den Atomteilchen bis zu den Galaxien – jeweils einen Aspekt des Einen darstellen.

In der *Bhagavadgita,* dem bekanntesten religiösen Gedicht des Hinduismus, gründet die spirituelle Lehre des Gottes Krishna auf der Grundvorstellung, daß die unendlich vielen Dinge und die Fülle von Ereignissen Äußerungsformen derselben höchsten Wirklichkeit, *Brahman* genannt, sind – der Essenz aller Dinge. Das *Brahman* ist wie das *Tao* – ohne Anfang, unfaßbar, unbeschreiblich, die sich ständig wandelnde Essenz aller Dinge, die den zahlreichen Göttern und Göttinnen, die verehrt werden, zugrunde liegt und sie vereinigt. Die Manifestation des Brahman in der menschlichen Seele wird *Atman* genannt; der Atman ist ein Aspekt der einen kosmischen Wirklichkeit des Brahman.

Der Buddhismus lehrt, daß man durch eine mystische Erfahrung des Erwachens zur Wirklichkeit *acintya* gelangt, wo alle Elemente wie ein einziges, ungeteiltes So-Sein oder *tathata* sind und an der alles durchdringenden Buddha-Essenz *dharmakaya* teilhaben. Für den Zen-Buddhismus ist die Erfahrung der Erleuchtung oder des *satori* wichtig, die unmittelbare mystische Wahrnehmung der Buddha-Natur aller Dinge, wobei der Mensch sich als integrierender Teil des großen Kontinuums von allem, was ist, erfährt. Der Konfuzianismus und der Taoismus sind zwei sich ergänzende Lehren, die eine pragmatisch, die andere mystisch; beiden liegt jedoch die Vorstellung des ewigen Tao zugrunde.

Während die wichtigsten östlichen Religionen auf der Wahrnehmung der Einheit und des Miteinander-Verbundenseins aller Dinge und Ereignisse gründen und die vielen Formen der abertausend Wesen als Manifestationen einer grundlegenden Einheit betrachten, betont die orthodoxe jüdisch-christliche Tradition den Dualismus: Gott oben, der sündige Mensch unten; die Seele im Gegensatz zur Welt; der Geist, der die Fleischeslust zu überwinden trachtet; der aufrechte Mann, der der Evaähnlichen Frau widersteht.

Bis vor kurzem hatte der östliche Gedanke der Ganzheit keinen Eingang ins westliche wissenschaftliche Denken gefunden, das von wiederholbaren, auf Ursache und Wirkung gründenden Experimenten, bei denen jeweils eine bestimmte Variable berücksichtigt wird, ausgeht. Jegliches Einssein des Beobachters mit dem Beobachteten war für den Westen undenkbar, und zwar eher im Sinne von ›durchaus lächerlich‹ als im Sinne von ›Weisheit, die das Denken übersteigt‹. Doch seitdem wir über die Quantenphysik und die Relativitätstheorie verfügen, sind radikale Veränderungen im Gang.

In *Das Tao der Physik*[3] postuliert Fritjof Capra, die moderne Atomphysik führe uns zu einer Sicht der Wirklichkeit hin, die eine große Ähnlichkeit mit der intuitiven Vision der Wirklichkeit der östlichen Mystiker aufweise. Die Quantenphysik hat das Bild eines alles mit allem verknüpfenden kosmischen Netzes entworfen, in dem der menschliche Beobachter zugleich Beteiligter ist. Aus der Beobachtung der Elementarteilchen ergibt sich zunehmend eine östliche und mystisch geprägte Weltanschauung; Zeit und Raum werden zu einem Kontinuum, Materie und Energie wechseln einander ab, der Beobachter und das Beobachtete stehen in einer Wechselbeziehung.

Ich bin fasziniert von der Tatsache, daß die Antworten auf die Frage nach dem Wesen des Universums, zu denen die westliche Wissenschaft durch hochentwickelte, außerordentlich teure, hochempfindliche Instrumente und Apparate sowie durch komplexe, kaum verständliche mathematische Formeln gelangt, auf den ersten Blick genau dem entsprechen, was ein östlicher Mystiker in der Stille der Meditation als das ewige Tao erkennt. Beiden geht es um zwei grundlegende Inhalte: die Einheit und die gegenseitige Beziehung aller Phänomene zueinander sowie die grundsätzlich dynamische Natur des Universums.

Die westliche Philosophie ist genau wie die westliche Religion vom Dualismus Geist–Materie geprägt. René

Descartes' Teilung der Natur in zwei grundlegend verschiedene Welten, die des Geistes und der Materie, ist der Urtypus für die Art von Denken, die, zusammen mit dem mechanistischen Weltmodell der klassischen Newtonschen Physik, die Weltanschauung des Abendlandes beherrscht. Genauso wie es innerhalb der westlichen Orthodoxie vereinzelt Mystiker gegeben hat, genauso hat es Philosophen gegeben, die sich ein ständig sich veränderndes und in sich zusammenhängendes Universum vorgestellt haben. Man erinnere sich nur an zwei der bedeutendsten Philosophen, nämlich an Heraklit aus Ephesos, der lehrte, daß alles wächst und einem Prozeß ewigen Werdens unterliegt, und Gottfried Wilhelm von Leibniz, der den Menschen als einen mikrokosmischen Ausdruck des Makrokosmos auffaßte.

In der Psychologie hat sich nur C. G. Jung mit dieser Frage auseinandergesetzt und synchronistische Ereignisse als Erscheinungen eines dem Tao entsprechenden »Prinzips akausaler Zusammenhänge«[4] beschrieben. Jung stellte die Theorie auf, daß sowohl die Menschen als auch alle belebte und unbelebte Materie durch das kollektive Unbewußte miteinander verbunden seien. Genau wie die moderne Atomphysik die Tatsache anerkennt, daß der Forscher auf der Ebene der Atomphysik die Teilchen, die er untersucht, beeinflußt, genauso vertrat Jung die Meinung, daß die Psyche des Beobachters und die Ereignisse der äußeren Welt unmittelbar aufeinander wirken.

Jung definierte die Synchronizität als ein »Prinzip akausaler Zusammenhänge«, das sich mittels »sinnvoller Koinzidenzen«[5] manifestiert. Es gibt keine rationalen Erklärungen für jene Situationen, in denen man einen Gedanken oder einen Traum hat oder sich in einem psychischen Zustand befindet, der mit einem Ereignis zusammenfällt. So kann es zum Beispiel vorkommen, daß eine

Frau einen eindrücklichen Traum hat, in dem das Haus ihrer Schwester in Flammen steht; sie ruft sofort bei ihrer Schwester an, um sicherzugehen, daß alles in Ordnung ist – aber es brennt wirklich, und der Anruf, der die Schwester aus dem Schlaf reißt, hat ihr unter Umständen das Leben gerettet. Oder ein Forscher, der in einer äußerst wichtigen Phase seiner Arbeit nicht mehr weiterkommt, weil ihm gewisse hochtechnische Informationen nicht zugänglich sind, sitzt bei einem Essen nach einer Wohltätigkeitsveranstaltung unerwartet neben genau jener Person, die ihm diese Informationen vermitteln kann. Oder eine Frau begibt sich in die Stadt, will eine frühere Wohngenossin aufsuchen, trifft sie zu Hause nicht an, betritt einen überfüllten Lift und begegnet ihr dort. Oder ich denke an jemanden, das Telefon klingelt, und die Person, an die ich eben gedacht habe, ist am Apparat.

Bei all diesen Beispielen handelt es sich um synchronistische Ereignisse, die vom Dramatischen bis zum Alltäglichen reichen. In all den oben erwähnten Situationen waren die betreffenden Menschen über das synchronistische Ereignis verblüfft und konnten sich nicht erklären, wie es zu dieser Koinzidenz gekommen war. Intuitiv betrachtet war jeder einzelne Vorfall bedeutungsvoll und ließ den Gedanken an die Möglichkeit eines unsichtbaren, unbekannten Zusammenhangs aufkommen, aufgrund dessen solche Dinge geschehen. Indem Jung dieses Phänomen als ›Synchronizität‹ bezeichnete, gab er ihm einen Namen. Er wies auch auf seine Bedeutung hin: »Das Verständnis der Synchronizität stellt den Schlüssel dar, welcher die Türe zu der uns geheimnisvoll erscheinenden ganzheitlichen Apperzeption des Ostens aufschließt.«[6]

Durch die Synchronizität kann der westliche Mensch möglicherweise erfahren, was das Tao ist. Mit der Vorstellung der Synchronizität wird eine Brücke zwischen

Ost und West, zwischen Philosophie und Psychologie sowie zwischen der rechten und der linken Hirnhemisphäre geschlagen. Die Synchronizität ist das Tao der Psychologie, denn sie bringt das Individuum in Beziehung zur Gesamtheit. Erkennen wir, daß die Synchronizität in unserem Leben am Werk ist, haben wir ein Gefühl der Zugehörigkeit und erleben uns nicht mehr als von andern getrennt und entfremdet; wir empfinden uns als Teil eines göttlichen, dynamischen, zusammenhängenden Universums. Synchronistische Ereignisse können uns Eindrükke vermitteln, die unserem psychischen und spirituellen Wachstum zugute kommen, und wir können dank ihnen zum intuitiven Wissen gelangen, daß unser Leben einen Sinn hat.

Jedesmal, wenn ich mir einer synchronistischen Erfahrung bewußt wurde, empfand ich zugleich ein Gefühl der Gnade. Und jedesmal, wenn mich jemand an einem synchronistischen Ereignis teilhaben ließ, empfand ich mich als privilegierte Beteiligte. Es ist eine Ehrfurcht und Demut einflößende, einweihende Erfahrung, wenn man in einem synchronistischen Ereignis das Tao erahnt.

So, wie wir im hellen Licht des Mittags die Sterne nicht sehen können, obwohl sie da sind, so können wir mit unserem westlichen Intellekt das Muster der allem zugrundeliegenden Einheit nicht ›sehen‹, weil die Bedingungen für die Wahrnehmung nicht die richtigen sind. Das in jüngster Zeit bekundete Interesse an den Abläufen in der rechten und linken Hirnhemisphäre kann vielleicht eine Erklärung dafür liefern, weshalb die Bedingungen für die Wahrnehmung nicht die richtigen sind. Wir haben nämlich eine bestimmte Art des Bewußtseins auf Kosten einer anderen entwickelt. Forschungen auf dem Gebiet der Arbeitsweise des Gehirns zeigen auf, daß es durchaus stimmt, wenn wir manchmal sagen: »Ich befinde mich da in einem Zwiespalt.« Wir verfügen tatsächlich über zwei Arten des Verstands, die recht unterschiedlich funktionieren. So, wie sich Tag und Nacht voneinander unterscheiden, so sind die rechte und die linke Hemisphäre in ihrer Wahrnehmungs- und Funktionsweise verschieden.

Die linke Hemisphäre umfaßt die Sprachzentren, steuert die rechte Körperseite und verwendet die dem linearen Denken eigene Logik und Beweisführung, um zu Einschätzungen oder Schlußfolgerungen zu gelangen. Sie konzentriert sich auf das, was greifbar und meßbar ist; das ›linkshemisphärische‹ Denken ist die Grundlage für alle wissenschaftlichen Experimente und Beobachtungen. Die linke Hirnhälfte sieht die Stücke oder Teile und die zwischen ihnen bestehenden Beziehungen von Ursache und Wirkung, aber nicht das ganze Bild mit seinen Wechselwirkungen. Sie sieht die Welt als von sich selbst getrennt, als etwas, das man benutzt oder beherrscht – sie geht aktiv und ›männlich‹ vor.

Die rechte Hirnhemisphäre dagegen ist ganz anders: ihr Instrumentarium sind Bilder und nicht Worte. Intuitiv erfaßt sie ein Bild in seiner Gesamtheit und erahnt, woher etwas kommt und was daraus werden kann. Das rechte Hirn kann Unklarheiten und Gegensätze beherbergen. Es nimmt sofort die Gesamtheit eines Ereignisses in sich auf, statt sich auf Einzelheiten oder einzelne Aspekte zu konzentrieren, und kann das, was es aufnimmt, gleichzeitig wahrnehmen und fühlen. Die rechte Hemisphäre vergleicht mittels Metaphern und nicht mittels Messungen. Sie geht aufnehmend und reflektierend vor, das heißt ›weiblicher‹ als die linke Hemisphäre.

Die männliche Kultur der westlichen Welt hat die Funktionsweise der rechten Hemisphäre entwertet, was zu einer Verarmung unserer kollektiven und individuellen Erfahrungswelt geführt hat. Die Intuition wird zur bloßen ›weiblichen Intuition‹ herabgewürdigt, und gefühlsmäßiges Reagieren wird kleinen Jungen ausgetrieben, die statt dessen dazu angehalten werden, jederzeit logisch zu sein. Die Botschaft unserer Kultur ist die, daß wohl Künstler, Musiker, Schriftsteller und Frauen auf diese ›minderwertige‹ Art funktionieren dürfen, ein rechter Mann jedoch nicht. Folglich wird alles, was nicht mit den fünf Sinnen und dem Denken wahrgenommen und beurteilt werden kann, als von nur geringem Nutzen eingeschätzt, und viele Menschen verlernen nach und nach, was es bedeutet, von der Musik oder von einem Symbol gefühlsmäßig berührt zu werden oder eine unter der Oberfläche liegende Wirklichkeit intuitiv zu erfassen.

Die westliche Zivilisation hat somit zugelassen, daß die eine Hälfte des Gehirns die intuitiven Wahrnehmungen der anderen Hälfte entwertet, unterdrückt und beherrscht. Durch die Intuition können wir nämlich die mit den Sinnen nicht erfaßbare Ganzheit und die ihr zugrundeliegenden Wechselbeziehungen oder Muster erfahren, die im östlichen Gedankengut eine so zentrale Rolle spielen. Indes brauchen wir nicht in den Osten zu reisen, um uns seiner Weisheit bewußt zu werden; da wir das Potential zur Wahrnehmung in uns haben und es nur geweckt werden muß, ist die Reise in den Osten in Wirklichkeit eine innere Reise.

Obwohl der Intellekt äußerst wertvoll ist, sind ihm auf dem Gebiet des ›Ganzen und der Teile‹ Grenzen gesetzt; der Haiku-Gelehrte R. H. Blyth beschreibt diesen Sachverhalt mit den folgenden Worten: »Der Intellekt kann irgendeinen Teil eines Dings als Teil verstehen, aber nicht als Ganzes. Er kann alles verstehen, was nicht Gott ist.«[7] Damit wir das ewige Tao erfahren können, muß unser Bewußtsein mit der rechten Hirnhemisphäre wahrnehmen und die analytisch-kritisch funktionierende linke Hemisphäre ausschalten. Wie Goethe bemerkte, töten wir, wenn wir sezieren. Wir berauben die Erfahrung ihrer

Lebendigkeit, zerstören den Geist und leugnen die Seele, wenn wir darauf bestehen, daß alles von der logischen, computerähnlich funktionierenden linken Hemisphäre verarbeitet wird.

Wenn wir darauf beharren, wir könnten einzig mit der wissenschaftlichen Methode zu irgendeinem Wissen gelangen, bleiben die Pforten der Wahrnehmung verschlossen, bleibt uns die Weisheit des Ostens versagt, und unsere innere Welt wird einseitig. Osten und Westen sind zwei Hälften eines Ganzen; sie stellen die zwei inneren Aspekte eines jeden einzelnen Menschen, ob Mann oder Frau, dar. Die psychische Spaltung muß durch eine innere Vereinigung geheilt werden, indem wir zwischen der linken und der rechten Hirnhemisphäre, zwischen Wissenschaft und Spiritualität, zwischen dem Männlichen und dem Weiblichen, zwischen Yin und Yang eine Wechselbeziehung zulassen.

Wenn wir Menschen des Westens mit unserem fokussierten Bewußtsein fähig geworden sind, auch die spirituelle Wirklichkeit wahrzunehmen, dann wird es uns möglich sein, uns als voneinander getrennte Individuen zu erkennen und uns zugleich bewußt zu sein, daß wir zu einem größeren Ganzen gehören; daß wir in einer Welt der linearen Zeit leben und dennoch fähig sind, die Zeitlosigkeit einer ewigen Wirklichkeit, von der wir ein Teil sind, zu erfahren; daß wir sowohl mit dem analytischen als auch mit dem intuitiven Bewußtsein wahrnehmen können. Dann werden wir unser Bewußtsein als dynamisch und nicht länger als statisch erfahren. T. S. Eliot erforschte diese Wechselwirkung in seinen *Vier Quartetten.* In einem jener Gedichte, in *Burnt Norton,* vermittelt eine Passage genau diese Beziehung zwischen einem ruhenden, »steten Punkt« und dem »Tanz«, die wie das *Tao* jeglicher Bewegung zugrunde liegt oder wie die Stille Gottes im Kern jeglichen Tuns ist:

Auf dem steten Punkt der kreisenden Welt. Weder wirklich noch unwahr,
nicht darauf hin noch darüber hinaus; am steten Punkt ist der Tanz,
der weder einhält noch fortgeht. Und nenn es nicht Stillstand,
wo Vergangnes und Zukunft sich mengt. Weder Fortgehn noch Hingehn,
weder Steigen noch Fallen. Wäre der Punkt nicht, der stete,
so wäre der Tanz nicht – und es gibt nichts als den Tanz.[8]

Im Sinne von Eliots Metapher sind wir Teil eines Tanzes, bei dem sich nichts, das uns oder in uns geschieht, jemals auf die genau gleiche Weise wiederholt, während das ihm zugrundeliegende, alles miteinander verbindende Prinzip, mit dem alles, einschließlich des Menschen, in Beziehung steht, stets dasselbe bleibt.

KAPITEL 2

Jung, die Synchronizität und das Selbst

*Mein persönlicher Weg zur Psychiatrie und zur Jungschen analytischen Ausbildung * Eine Einführung in Jungs Konzepte der Archetypen, des kollektiven Unbewußten, der Synchronizität und des Selbst*

Dank einer Reihe von Begegnungen und Ereignissen wurde ich Jungsche Analytikerin, obwohl dies ursprünglich nicht meine Absicht gewesen war. Im letzten Jahr meines Medizinstudiums trug ich mich mit dem Gedanken, Psychiaterin zu werden, denn die Erfahrungen, die ich im Verlauf des Studiums sowohl mit stationären als auch mit ambulanten Psychiatriepatienten gemacht hatte, waren interessant und lehrreich gewesen. Trotz meiner Unerfahrenheit schienen die Gespräche, die ich mit den Patienten geführt hatte, ihnen geholfen zu haben. Aus diesem Grund bewarb ich mich am *Langley Porter Neuropsychiatric Institute*, das zum *University of California Medical Center* in San Francisco gehört, wo ich Medizin studierte. Doch dann besann ich mich eines Besseren und unterließ es, Empfehlungsschreiben einzuholen. Statt dessen nahm ich, da ich mich eher zur inneren Medizin hingezogen fühlte, im *Los Angeles County Hospital* eine auf dem Turnusprinzip aufgebaute Assistentenstelle an, wobei ich mich als erstes für den Turnus in der inneren Medizin entschloß. Nachdem ich schon lange genug am

County Hospital gewesen war, um San Francisco zu vermissen, und da ich in der Behandlung medizinischer Folgeerscheinungen von Alkoholismus – Leberzirrhose, blutende Ösophagusvarizen, Gastritis, Delirium tremens im Anfangsstadium und ähnliches – beträchtliche Erfahrungen gesammelt hatte, erhielt ich eines Tages völlig unerwartet ein Telegramm vom Langley Porter, in dem stand, ich sei in das Ausbildungsprogramm zum Facharzt aufgenommen worden.

Offenbar hatte das Langley Porter statt der erforderlichen Empfehlungsschreiben die Bewertungen aus meiner Studienzeit verwendet. Ich wurde aufgefordert, umgehend per Fernschreiben zu antworten. Da die Entscheidung rasch gefällt werden mußte, sagte ich spontan zu, wobei der Hauptgrund der war, daß ich nach San Francisco, das ich sehr vermißte, zurückkehren könnte. Ich war mir immer noch nicht sicher, ob ich wirklich Psychiaterin werden wollte, doch redete ich mir ein, es könne nicht schaden, die Ausbildung wenigstens zu beginnen. Sollte sich herausstellen, daß die Psychiatrie nichts für mich wäre, würden die Erfahrungen dieses Jahres sich später sicher als nützlich erweisen.

Ich begann meine Ausbildung auf der Abteilung für stationäre Patienten, wo ich entweder Psychotiker zu betreuen hatte, die den Bezug zur Wirklichkeit verloren hatten und vorübergehend in der Außenwelt nicht mehr zurechtkamen, oder selbstmordgefährdete Patienten, die in die Klinik hatten eingewiesen werden müssen, damit sie sich während einer schweren Depression nicht das Leben nahmen. Mir wurde die Verantwortung für sechs Patienten übertragen. Dabei handelte es sich ausschließlich um Ersteinweisungen, das heißt um Patienten, die noch nie in einer psychiatrischen Klinik gewesen waren. Ich stellte bald fest, daß sie mir nicht eigenartig oder fremd vorkamen, sondern daß es sich um Menschen handelte, die bis zum psychischen Zusammenbruch ihr Leben gemeistert hatten. In jedem einzelnen fand ich sowohl einen gesunden Verbündeten vor, mit dem ich arbeiten konnte, als auch einen Kranken, der destruktiv oder hoffnungslos war und an Halluzinationen, Wahn- oder Zwangsvorstellungen litt. Ich merkte, daß ich ihre Lage verstehen konnte und mir diese Menschen am Herzen lagen. Anstatt eine Krankheit zu behandeln, behandelte ich nun einen ganzen Menschen und nicht irgendeinen Fall. Dank der Begegnung mit diesen sechs Patienten wußte ich bereits nach der ersten Woche, daß ich durch einen glücklichen Zufall den Beruf meines Lebens gefunden hatte.

Während der ganzen dreijährigen Ausbildung sind die Assistenzärzte Supervisoren unterstellt. Die meisten Supervisoren am Langley Porter waren Freudianer oder hatten sich keiner bestimmten Schule verschrieben, doch gab es unter ihnen auch eine Handvoll Jungscher Psychiater. Ich hatte Glück und wurde John Perry und Donald Sandner zugeteilt. Dazu kam, daß Joseph Wheelwright im Kellergeschoß ein Jungsches Seminar abhielt und mir zu einem späteren Zeitpunkt noch ein weiterer Jungianer, John Talley, als Berater in einem langfristigen Fall zugewiesen wurde. Erst später wurde mir klar, daß Langley Porter die einzige Universität der Vereinigten Staaten ist, wo Jungianer als Supervisoren tätig sind oder Seminare abhalten, und daß meine persönliche Erfahrung als Assistenzärztin sehr ungewöhnlich war. Hätten diese scheinbar zufälligen Begegnungen nicht stattgefunden, wäre ich mit dem Gedankengut von C. G. Jung nicht in Berührung gekommen.

Was mir Dr. Wheelwright vermittelte – ein großer, warmherziger, charmanter Mann, dessen Seminare ungezwungen, praxisbezogen und oft umwerfend lustig waren, da er über ein außergewöhnliches schauspielerisches Talent und über einen reichen Schatz an Geschichten verfügte –, war eine Vorstellung von Jung. Dr. Wheelwright war von Jung analysiert worden und gehört zu den Gründern des C.-G.-Jung-Instituts von San Francisco.

Das Bild von Jung, das vor meinem inneren Auge aufstieg, war das eines außergewöhnlichen Menschen, der eher wie ein schweizerischer Bauer als wie ein intellektueller Gelehrter wirkte. Ich vernahm, daß er sich durch eine charismatische Vitalität, von der sich andere Menschen angezogen fühlten, ein tiefes, schallendes Lachen sowie eine ausdrucksstarke Spontaneität (die in seinen Schriften jedoch gar nicht durchdringt) auszeichnete. Die Kreativität und die Weite seines Denkens sind wirklich beeindruckend, während seine Intuition ans Übersinnliche grenzte, eine Eigenschaft, die in der Familie lag.

Ich fühlte mich zu Jungs Auffassung hingezogen, wonach der Mensch nicht nur durch die vornehmlich von Freud beschriebenen Aggressions-, Handlungs- und Sexualtriebe bestimmt, sondern zudem durch ein Streben nach Kreativität, Reflexion und Spiritualität bewegt wird. Nachdem ich meine Assistentenzeit beendet hatte, schrieb ich mich am Jung-Institut ein, nicht um Analytikerin zu werden, sondern weil ich noch mehr lernen wollte. Acht Jahre später, als ich herausgefunden hatte, daß dies in der Tat der richtige Ort für mich war, erwarb ich das Diplom als Jungsche Analytikerin.

Irgendwann in dieser Zeit besuchte ich ein von Frau Dr. Elizabeth Osterman geleitetes Seminar über Synchronizität – meine Einführung in diese Materie. Frau Dr. Osterman referierte über die Synchronizität und die für das Universum typische Tendenz zur Strukturierung, wobei sie uns das Gefühl vermittelte, daß dieses Thema in seiner Komplexität und in seiner vollen Tragweite intellektuell nicht erfaßt werden könne. Ich verstand damals nicht genau, wovon sie sprach, erahnte es jedoch intuitiv. Andere Seminarteilnehmer schienen noch größere Mühe zu haben. Ich erinnere mich an die Einwände eines Studienkollegen, der wegen seines ausgeprägt rationalen Denkens schwer mit diesem Thema zu kämpfen hatte. Es scheint, als sei die Synchronizität eine der eher esoterischen Theorien Jungs gewesen. Nachdem ich zunächst die Theorie der Synchronizität hatte auf mich wirken lassen, begann ich mehr darüber zu lesen und wurde mir schließlich der synchronistischen Ereignisse um mich herum bewußt; auf diese Weise war die Synchronizität, die anfänglich für mich bloß eine abstrakte Idee gewesen war, zu einer alltäglichen Wirklichkeit in meinem Leben geworden. Heute bin ich der Ansicht, daß sie auch in der psychotherapeutischen Praxis von unschätzbarem Wert ist.

Jung schrieb erst zu einem relativ späten Zeitpunkt in seinem Berufsleben über die Synchronizität. Seine wichtigste Schrift zu diesem Thema, *Synchronizität als ein Prinzip akausaler Zusammenhänge,* wurde 1952 veröffentlicht, als er Mitte Siebzig war. In der Vorrede äußerte er sich folgendermaßen: »... ich versuche, alles, was ich hierzu vorzubringen habe, zusammenhängend darzustellen«, damit »ein Zugang zu einem noch dunklen Gebiet, das aber weltanschaulich von größter Bedeutung ist, sich auftut«.[1] Bei dieser Schrift handelt es sich um eine vielschichtige, mit vielen Fußnoten versehene erweiterte Fassung eines ein Jahr zuvor von Jung gehaltenen Vortrags *Über Synchronizität.* Die Synchronizität blieb jedoch, vielleicht, weil diese Monographie schwer zu lesen ist, vielleicht auch, weil das Konzept mit dem Intellekt allein nur schwer zu erfassen ist und Intuition erfordert, ein nur von einem kleinen Kreis und nicht von der Öffentlichkeit beachtetes Thema.

Im Jahr 1930 verwendete Jung den Begriff ›synchronistisches Prinzip‹ zum erstenmal, nämlich in seiner Gedenkrede für seinen Freund, den Sinologen Richard Wilhelm, der viele alte chinesische Texte übersetzt hatte. Die erste ausführliche Schilderung der Synchronizität findet sich jedoch in Jungs Vorwort (1949) zur Übersetzung des *I Ging* von Richard Wilhelm und Cary F. Baynes ins Englische.[2] In den vorhergehenden dreißig Jahren hatte Jung in seinen Vorträgen und Schriften die Synchronizität hin und wieder flüchtig erwähnt. Jungs Synchronizitätstheorie ist in der Tat das Ergebnis eines langwierigen Reifungsprozesses.

Synchronizität ist ein deskriptiver Begriff für den Zusammenhang zwischen zwei Ereignissen, die sinngemäß miteinander verknüpft sind, wobei sich dieser Zusammenhang nicht durch das Gesetz von Ursache und Wirkung erklären läßt. Zur Veranschaulichung der Idee der Synchronizität erzählte Jung die Geschichte von einer Patientin, einer Frau, die immer alles besser wußte und deren Analyse folglich ins Stocken geraten war:

> Nach einigen fruchtlosen Versuchen, ihren Rationalismus durch eine etwas humanere Vernunft zu mildern, mußte ich mich auf die Hoffnung beschränken, daß ihr etwas Unerwartetes und Irrationales zustoßen möge, etwas, das die intellektuelle Retorte, in die sie sich eingesperrt hatte, zu zerbrechen vermöchte. So saß ich ihr eines Tages gegenüber, den Rücken zum Fenster gekehrt, um ihrer Beredsamkeit zu lauschen. Sie hatte die Nacht vorher einen eindrucksvollen Traum gehabt, *in welchem ihr jemand einen goldenen Skarabäus (ein kostbares Schmuckstück) schenkte.* Während sie mir noch diesen Traum erzählte, hörte ich, wie etwas hinter mir leise an das Fenster klopfte. Ich drehte mich um und sah, daß es ein ziemlich großes fliegendes Insekt war, das von außen an die Scheiben stieß mit dem offenkundigen Bemühen, in den dunklen Raum zu gelangen. Das erschien mir sonderbar. Ich öffnete sogleich das Fenster und fing das hereinfliegende Insekt

in der Luft. Es war ein *Scarabaeide,* Cetonia aurata, der gemeine Rosenkäfer, dessen grüngoldene Farbe ihn an einen goldenen Skarabäus am ehesten annähert. Ich überreichte den Käfer meiner Patientin mit den Worten: ›Hier ist Ihr Skarabäus.‹ Dieses Ereignis schlug das gewünschte Loch in ihren Rationalismus, und damit war das Eis ihres intellektuellen Widerstands gebrochen. Die Behandlung konnte nun mit Erfolg weitergeführt werden.[3]

Die Tatsache, daß der skarabäusähnliche Käfer genau in jenem Augenblick ins Zimmer geflogen kam, vermittelte der Frau das wunderliche Gefühl einer Koinzidenz. Solch bedeutsame Koinzidenzen brechen in die Wirklichkeit ein und berühren die Psyche auf einer tiefen Gefühlsebene. Was die Frau nötig hatte, war die eine Wandlung bewirkende Erfahrung auf der Gefühlsebene, die ihr der Skarabäus vermittelte. Interessanterweise war dieses Ereignis ein symbolischer Ausdruck ihrer Situation: Der Skarabäus ist nämlich ein ägyptisches Symbol der Wiedergeburt oder Wandlung – ›es‹ mußte in die Analyse eingebracht werden. Als der Skarabäus ins Zimmer kam, konnte die Veränderung einer starren Haltung einsetzen, neues Wachstum war nun möglich.

Da es sich bei der Synchronizität um eine subjektive Erfahrung handelt, bedarf sie eines an ihr beteiligten Menschen, der der Koinzidenz einen Sinn verleiht. Dieser Sinn ist es, der die Synchronizität von einem synchronen Ereignis unterscheidet. Der Begriff synchron bezeichnet Ereignisse, die gleichzeitig eintreten. Uhren sind synchronisiert, Flugzeuge fliegen nach Flugplan zur gleichen Zeit ab, mehrere Menschen betreten im selben Augenblick denselben Hörsaal, ohne daß irgend jemand in diesen Koinzidenzen etwas Außerordentliches sieht. Bei der Synchronizität hingegen ereignet sich die sinnvolle

Koinzidenz innerhalb eines subjektiven zeitlichen Rahmens. Die betreffende Person stellt zwischen zwei Ereignissen einen Zusammenhang her, wobei die Ereignisse jedoch nicht gleichzeitig stattfinden müssen, obwohl dies häufig der Fall ist.

Jung schildert drei Arten der Synchronizität. Zur ersten Kategorie gehört *die Koinzidenz eines geistigen Inhalts (der sich als Gedanke oder Gefühl äußern kann) mit einem äußeren Ereignis*. Dies schien auf ein Ereignis zuzutreffen, das sich zwischen mir und meiner damals vierjährigen Tochter abspielte. Ich stand in der Küche, war damit beschäftigt, das Abendessen vorzubereiten, und sagte zu meinem Mann Jim, ich benötige noch Blumen für den Tisch. Die Kinder spielten im Freien und befanden sich außer Hörweite. Wenige Augenblicke später kam Melody ins Haus gerannt, einen Strauß rosa Geranien in der Hand, und sagte: »Da, Mami.« Der Vorfall mit dem Skarabäus ist ebenfalls ein gutes Beispiel für diese Art der Synchronizität, bei der das äußere Ereignis auf eigentümliche Weise das spiegelt, was sich im selben Augenblick auf der psychischen Ebene abspielt.

Bei der zweiten Art der Synchronizität *hat jemand einen Traum oder eine Vision, die mit einem Ereignis koinzidiert, das an einem anderen Ort geschieht (und das später nachgewiesen wird)*. In diesem Fall ist sich jemand eines Geschehens bewußt, ohne einen der fünf Sinne zu gebrauchen. Mein Großvater zum Beispiel hatte eine wunderliche Art zu wissen, wann ein alter Freund oder Verwandter im Sterben lag. Die betreffende Person erschien ihm in einem Traum oder in einer Vision und trug einen Koffer. Auf diese Weise wußte er, daß sie fort- und weiterging. Meine Mutter erinnert sich daran, wie er verschiedene Male äußerte, ein Herr Soundso sei gestorben – mein Großvater hatte ihn auf seinem letzten Weg mit einem Koffer ›gesehen‹. Danach, meist Wochen später, traf eine Nachricht ein und bestätigte, was mein Großvater aufgrund seiner hellseherischen Begabung bereits wußte. Da mein Großvater aus Japan nach New York gekommen war, trennten ihn Tausende von Kilometern von vielen Verwandten und alten Freunden; deshalb dauerte es verhältnismäßig lang, bis die damals noch per Schiff über den Pazifik und dann auf dem Landweg bis an die Ostküste übermittelten Nachrichten ihn erreichten. Ein unter diese Kategorie der synchronistischen Ereignisse fallendes historisches Ereignis ist Swedenborgs ›Vision des Großen Feuers‹ in Stockholm, in der er anderen schilderte, was er ›sah‹. Tage später traf die Nachricht von einer Feuersbrunst ein, die sich tatsächlich zum Zeitpunkt von Swedenborgs Vision und auf die von ihm geschilderte Weise ereignet hatte.

Bei der dritten Art synchronistischer Ereignisse *hat jemand ein inneres Bild (zum Beispiel einen Traum, eine Vision oder ein Vorgefühl) von etwas, das sich in der Zukunft ereignen wird und das dann auch tatsächlich eintritt.* Beide Male, als ich schwanger war, wußte mein Mann Jim genau, ob es ein Mädchen oder ein Junge werden würde; seine Sicherheit gründete auf einer intensiven Vorahnung, und ich wußte intuitiv, daß er wirklich recht hatte. Wir waren uns unserer Sache so sicher, daß uns jeglicher gesunde Menschenverstand abhanden gekommen war – für das erste Kind hatten wir nur einen Mädchennamen, Melody Jean, ausgesucht und für das zweite, das weniger als zwei Jahre nach unserer Tochter zur Welt kam, nur einen Knabennamen, Andre Joseph. Präsident Lincoln berichtete kurz vor seiner Ermordung, er habe mehrere Träume gehabt, in denen er seine Leiche aufgebahrt gesehen habe – ein historisches Beispiel für die Koinzidenz eines Traums mit einem künftigen Ereignis.

Bei den oben erwähnten Beispielen koinzidierte ein tatsächliches Ereignis mit einem Gedanken, einer Vision, einem Traum oder mit einer Vorahnung. Meine eigenen synchronistischen Erfahrungen sind vielleicht nicht besonders eindrucksvoll oder überzeugend, doch sind sie wegen der sie begleitenden Gefühle meinem Gedächtnis besonders klar eingeprägt: Ich spürte, daß zwischen uns allen eine starke Verbindung bestand – daß Melody und ich aufeinander eingestimmt waren und daß Jim wußte, *wen* ich in mir trug. Es war das sich bei diesen Ereignissen einstellende Gefühl der Verbundenheit, das der Koinzidenz des äußeren Ereignisses mit dem Gedanken oder dem Vorgefühl für mich einen besonderen Sinn verlieh. Gemäß Jung ist die Synchronizität jenes Prinzip, das aufgrund einer sinnvollen Koinzidenz die Psyche mit einem Ereignis in Zusammenhang bringt, wobei der Beteiligte aufgrund rein subjektiver Gefühle entscheidet, ob es sich um eine sinnvolle Koinzidenz handelt oder nicht. Um sich völlig darüber klarzuwerden, was ein synchronistisches Ereignis wirklich ist, muß man vielleicht selbst eine einem wunderlich erscheinende Koinzidenz erleben und spontan emotional darauf reagieren – mit einem Schaudern, mit Ehrfurcht oder Erregung, Gefühle, die oft mit der Synchronizität einhergehen. Im Idealfall sollte es nicht möglich sein, eine Koinzidenz rational zu erklären oder auf einen reinen Zufall zurückzuführen.

Zwischen der Synchronizität und der Kausalität bestehen einige wichtige Unterschiede. Bei der Kausalität ist das *objektive* Wissen ausschlaggebend: Ausgehend von Beobachtungen und Schlußfolgerungen wird erklärt, wie ein Ereignis unmittelbar von einem anderen abhängt. Wenn ein Stein gegen ein Fenster geworfen wird und die Scheibe zerbricht, so ist das Prinzip von Ursache und Wirkung am Werk. Dabei ist es unerheblich, wer den Stein wirft, wann oder wo dies geschieht, oder wer dabei zuschaut. Nach dem Kausalitätsgesetz wird ein Stein, der mit genügend Kraft geworfen wird, zwangsläufig eine

Fensterscheibe zerbrechen. Bei der Synchronizität hingegen ist die *subjektive* Erfahrung ausschlaggebend: Wenn jemand aufgrund einer plötzlichen Vorahnung von einem Fenster wegtritt und wenn Sekunden später ein Stein durch die Scheibe geflogen kommt, so handelt es sich wegen der bewußt erlebten Vorahnung bei diesem Vorfall um ein synchronistisches Ereignis. Für die betreffende Person, deren innerpsychisches Gefühl der Vorahnung auf irgendeine unbekannte Art mit dem äußeren Ereignis in Zusammenhang stand, ist der Zeitpunkt des Ereignisses von Bedeutung.

Um Ursache und Wirkung richtig verstehen zu können, muß man über die Fähigkeit verfügen, äußere Ereignisse zu beobachten und logisch zu denken. Um ein synchronistisches Ereignis richtig verstehen zu können, muß man über die Fähigkeit verfügen, einen inneren subjektiven Zustand, einen Gedanken, ein Gefühl, eine Vision, einen Traum oder eine Vorahnung wahrzunehmen und intuitiv mit einem damit in Zusammenhang stehenden äußeren Ereignis in Verbindung zu bringen. Die Synchronizität ist eine Koinzidenz, ein Zusammenfallen von Ereignissen, das für den Beteiligten einen Sinn ergibt; somit ist jede synchronistische Erfahrung einzigartig. Die Kausalität ist eine Folge von Ereignissen, die logisch erklärt werden kann und meistens wiederholbar ist.

Jung vertrat die Meinung, das kollektive Unbewußte oder die archetypische Schicht des Unbewußten (zwei Begriffe für dasselbe Phänomen) sei an den synchronistischen Ereignissen beteiligt. Jung, der mit Freud dahingehend übereinstimmte, daß jeder Mensch ein persönliches Unbewußtes hat, das aufgrund der persönlichen Erfahrung entstanden ist und alles enthält, was vergessen oder verdrängt worden ist, postulierte eine noch tiefere Schicht des Unbewußten, die er *kollektives Unbewußtes* nannte und als universal und angeboren betrachtete.

Jung benötigte Hunderte von Seiten, um das kollektive Unbewußte und die Archetypen zu beschreiben. Zwei Bände der Gesammelten Werke – Band 9, I. Teil: *Die Archetypen und das kollektive Unbewußte,* und Band 9, II. Teil: *Aion: Beiträge zur Symbolik des Selbst* – stellen den Kern von Jungs diesbezüglicher Theorie dar. Es ist folglich ein anmaßendes Unterfangen, hier in einigen wenigen Abschnitten die Archetypen erklären zu wollen, doch ist es nötig, damit die Beziehung zwischen den Archetypen und der Synchronizität aufgezeigt werden kann. Jung sagt folgendes über die Archetypen:

> Der Archetypus stellt an sich eine hypothetische, unanschauliche Vorlage dar, wie das in der Biologie bekannte ›pattern of behaviour‹.[4]

> Es gibt so viele Archetypen als es typische Situationen im Leben gibt. Endlose Wiederholung hat diese Erfahrung in die psychische Konstitution eingeprägt ...[5]

Beispiele für archetypische Situationen sind unter anderem Geburt und Tod, Ehe, Bindung zwischen Mutter und Kind sowie der Heldenkampf. Die in griechischen Tragödien, in Mythen oder in modernen Schauspielen angeschnittenen Themen, die von einer Beziehung oder einem Konflikt handeln, beziehen sich oft auf archetypische Situationen. Da sie in uns allen eine Saite zum Erklingen bringen, üben sie eine universale Anziehungskraft aus. Die gemeinsame Saite ist jene archetypische Schicht.

In einer anderen Definition der Archetypen bezieht sich Jung auf Urbilder oder archetypische Gestalten, die aktiviert und dann mit einer persönlichen emotionalen Färbung versehen werden. Dies ist der Fall, wenn eine gefühlsgeladene Situation eintritt, die einem bestimmten Archetypus entspricht. So besucht zum Beispiel jemand den Vortrag eines älteren Mannes, dessen Erscheinung und Worte eine gefühlsmäßige Reaktion auf den Archetypus des weisen alten Mannes hervorrufen. Der Zuhörer erlebt nun den Referenten unmittelbar als numinos oder respekteinflößend, als weise und mächtig; jedes von ihm geäußerte Wort scheint von höchster Bedeutung zu sein. Da er in ihm den weisen alten Mann sieht, beurteilt er seine Äußerungen nicht mehr kritisch. Da er ihn als Quelle der Weisheit betrachtet, scheint alles, was er sagt, und sei es noch so profan, eine Perle der Weisheit zu sein. Der Archetypus ist personifiziert worden – in der Gestalt dieses bestimmten Mannes, der mit all den Attributen des Archetypus ausgestattet wird. Andere Beispiele für archetypische Gestalten sind das göttliche Kind, die alles gebende Mutter, der patriarchalische Vater, die Verführerin und der Gauner; sie alle sind symbolische Gestalten, die in Träumen, in der Literatur und in den verschiedenen Religionen auftauchen.

Wird in einer bestimmten Situation die archetypische Schicht des kollektiven Unbewußten berührt, so neigt die Psyche zu einer intensiven emotionalen Reaktion und sucht nach symbolischen Ausdrucksformen. Die Art und Weise, wie der Alltag gewöhnlich erlebt wird, verändert sich: Es scheint ein Zauber in der Luft zu liegen, man ist vielleicht inspiriert oder plötzlich sehr engagiert. Umgangssprachliche Redewendungen bestätigen diese psychische Veränderung: ›Was, zum Teufel, ist nur in ihn gefahren?‹ oder ›Er ist von dieser Idee völlig besessen‹ oder ›Sie ist vor Angst oder Wut völlig durchgedreht‹.

Wenn diese emotional geladene archetypische Schicht aktiv ist, tauchen möglicherweise Traumbilder von großer Intensität und starkem symbolischen Gehalt auf, und es besteht eine größere Wahrscheinlichkeit, daß synchronistische Ereignisse eintreten. Sowohl Träume als auch synchronistische Ereignisse drücken sich in symbolischer

Form aus, was auf ihre gemeinsamen Wurzeln im kollektiven Unbewußten hinweist. Dies erklärt jedoch nicht, weshalb oder wie die Synchronizität auftritt, sondern bestätigt bloß, daß zwischen der Synchronizität und einem aktiven Archetypen im kollektiven Unbewußten eine Verbindung besteht.

Jung erläuterte die Beziehung zwischen dem kollektiven Unbewußten und synchronistischen Ereignissen 1945 in einem Brief an den berühmten Parapsychologen Dr. J. B. Rhine. Er schrieb, das kollektive Unbewußte, »diese spezielle Psyche«, verhalte sich so, »als wäre sie eine und nicht, als wäre sie in viele individuelle Seelen aufgespalten«, und es manifestiere sich »nicht nur im Menschen, sondern gleichzeitig in Tieren und sogar in physikalischen Gegebenheiten«.[6] Dann führte Jung zur Veranschaulichung dieses Phänomens ein Beispiel an:

> Zum Beispiel gehe ich mit einer Patientin im Wald spazieren. Sie erzählt mir den ersten Traum ihres Lebens, der einen unauslöschlichen Eindruck auf sie machte. Sie hatte einen Geisterfuchs gesehen, der die Treppe in ihrem Elternhaus herunterlief. In diesem Augenblick kommt, keine vierzig Meter von uns entfernt, ein wirklicher Fuchs unter den Bäumen hervor und läuft ein paar Minuten lang ruhig den Weg vor uns her. Das Tier verhält sich so, als wäre es Partner in der menschlichen Situation.[7]

Dies ist eines jener eigentümlichen synchronistischen Ereignisse, die anscheinend zum Ausdruck bringen wollen, daß das, was in jenem Augenblick gerade besprochen wird, emotional stark geladen und von größter Wichtigkeit ist. In der familiären Situation der Patientin mußte das, was der Fuchs repräsentierte, ein zentrales Problem dargestellt haben.

In seiner Autobiographie *Erinnerungen, Träume, Gedanken* schildert Jung jenes synchronistische Ereignis, das bei ihm den stärksten Eindruck hinterließ. Es trat am Ende jener langen und einsamen Phase ein, die auf seinen Bruch mit Freud gefolgt war. Zwischen Jung und Freud war es zu einer Auseinandersetzung gekommen, weil Jung erklärt hatte, der Inzest sei ein symbolisches und kein reales Problem, wie dies Freud vertrat. Aufgrund dieser Ansicht wurde Jung von der Psychoanalytischen Bewegung ›exkommuniziert‹ und stand ohne Kollegen da. In der darauffolgenden Isolation widmete Jung sich weiterhin seinen Patienten sowie der Erforschung der Psyche. Seine theoretischen Differenzen trugen ihm das Ende seiner sehr wichtigen Freundschaft mit Freud ein und führten zu seiner Verstoßung aus dem Kreis der Fachkollegen, der sich um Freud gebildet hatte. Jung beschrieb dies als »eine Zeit der Unsicherheit, ja Desorientierung«.[8] Damals verfügte er noch nicht über eigene theoretische Grundlagen. Daher beschloß er, anstatt seinen Patienten mit einer Theorie im Kopf zuzuhören, ihnen völlig unvoreingenommen beim Erzählen ihrer Träume und Phantasien zuzuhören und sie bloß zu fragen: ›Was fällt Ihnen in diesem Zusammenhang ein?‹ oder ›Wie verstehen Sie das?‹ oder ›Woher kommt das?‹ oder ›Was halten Sie davon?‹ Er tat dasselbe mit seinen eigenen Träumen, tauchte in seine Kindheitserinnerungen ein und gab dem Impuls nach, am Ufer des oberen Zürichsees eine Miniaturstadt zu bauen, wobei sich seine Gedanken klärten. Während er die Inhalte seines Unbewußten – seine Träume, Visionen und Phantasien – erforschte, malte er Bilder und stieß auf dieselben psychischen Inhalte, wie sie bei Kindern, psychisch Kranken und in vielen Mythen vorkommen. Aus der Tatsache, daß sowohl beim einzelnen Menschen als auch in der Weltliteratur immer wieder dieselben Motive und Bilder auftreten, leitete Jung seine Theorie der dem kollektiven Unbewußten innewohnenden Archetypen ab.

Zu jener Zeit befaßte er sich auch eingehend mit den sowohl in den mystischen Religionen des Ostens als auch in den spontanen Zeichnungen von Menschen, die sich in einem inneren Aufruhr befinden, häufig vorkommenden Mandalas und versuchte, ihren Symbolgehalt zu verstehen. (Mandalas sind Zeichnungen, die einen Mittelpunkt haben – oft einen Kreis innerhalb eines Vierecks.) Allmählich entwickelte Jung den Gedanken, daß das Mandala ein sinnvermittelndes Zentrum der Persönlichkeit verkörpert – das Jung ›Selbst‹ nannte und in dem er das Ziel der psychischen Entwicklung sah.

Er beschrieb das Selbst als einen Mittelpunkt, der sowohl zum Ich als auch zum Unbewußten in Beziehung steht, aber weder mit dem einen noch mit dem anderen identisch ist; das Selbst war für ihn eine Energiequelle, die den Menschen dazu antreibt, zu dem zu werden, was man ist – ein Archetypus, der der Persönlichkeit ein Gefühl der Ordnung und des Sinns vermittelt. In seinen *Erinnerungen* schreibt Jung, ihm sei klar, »daß das Ziel der psychischen Entwicklung das Selbst ist. Es gibt keine lineare Entwicklung, es gibt nur eine Circumambulation des Selbst. Eine einsinnige Entwicklung gibt es höchstens am Anfang.«[9]

Während Jung an diesem Begriff arbeitete, träumte er von einem stark befestigten goldenen Schloß, das er in die Mitte eines chinesisch wirkenden Mandalas malte. Kurz darauf erhielt er von Richard Wilhelm *Das Geheimnis der Goldenen Blüte* mit der Bitte, einen Kommentar dazu zu schreiben. Dieses Ereignis, das Jung stark berührte, stellte eine äußerst bedeutungsvolle Koinzidenz dar. In *Erinnerungen, Träume, Gedanken* schreibt er dazu:

Ich habe das Manuskript sofort verschlungen; denn der Text brachte mir eine ungeahnte Bestätigung meiner Gedanken über das Mandala und die Umkreisung der Mitte. Das war das erste Ereignis, das meine Einsamkeit durchbrach. Dort fühlte ich Verwandtes, und dort konnte ich anknüpfen.

Zur Erinnerung an dieses Zusammentreffen, an die Synchronizität, schrieb ich damals unter das Mandala: ›1928, als ich das Bild malte, welches das goldene wohlbewehrte Schloß zeigt, sandte mir Richard Wilhelm in Frankfurt den chinesischen, tausend Jahre alten Text vom gelben Schloß, dem Keim des unsterblichen Körpers.‹[10]

Der Bruch mit Freud hatte sich etwa sechzehn Jahre zuvor ereignet. Seit damals war Jung von niemandem in seinen Ideen unterstützt worden. Daß er nun in einem alten chinesischen Text auf eine Auffassung stieß, die seinen eigenen Vorstellungen vom Wesen der Psyche entsprach, bestätigte ihm den Wert jener Untersuchungen, die er in völliger Einsamkeit durchgeführt hatte. Dieses synchronistische Ereignis muß ihm das Gefühl vermittelt haben, das, woran er während so vieler Jahre gearbeitet hatte, habe letztlich doch einen Sinn gehabt, und muß seine Zweifel über die Entscheidungen, die er gefällt hatte, zerstreut haben. Seine theoretischen Differenzen mit Freud hatten ihn in die Isolation getrieben, und nachdem er den Entschluß gefaßt hatte, sich in die Welt der Psyche zu versenken, nahm ihn diese Beschäftigung dermaßen in Anspruch, daß er seine Tätigkeit an der Universität, wo er acht Jahre gelehrt hatte, und damit auch seine Hoffnung auf eine reibungslose akademische Karriere aufgab. Das aus diesen Entscheidungen resultierende Gefühl der Einsamkeit wurde durch das synchronistische Ereignis modifiziert: Nun fühlte Jung eine Affinität zu anderen Menschen.

In meiner Sicht entspricht Jungs Circumambulation des Selbst den Bestrebungen des östlichen Menschen, in Fühlung mit dem Tao zu sein. Man kann sich das Bewußtsein als um einen Mittelpunkt kreisend vorstellen, wobei es nie mit dem Mittelpunkt identisch ist, aber von seiner Energie oder Göttlichkeit berührt wird – wie ein Planet, der um die Sonne kreist und von ihr erwärmt und erhellt wird, oder wie der Tanz um den ruhenden, steten Punkt. »Auf dem steten Punkt der kreisenden Welt«[11], wo unser Bewußtsein oder die Weltlichkeit des Ich kreist, sich dreht, oder um das ewige, unendliche, unausdrückbare, unbeschreibbare, vereinigende, sinnvermittelnde Prinzip herumgeht oder -tanzt. Dieser ruhende Punkt ist das Zentrum des Tanzes, das *Tao* des Ostens und das *Selbst* der Jungschen Psychologie. Das Selbst wird gewöhnlich als innere Wahrnehmung einer numinosen Mitte empfunden, während das Tao – da es uns die Bewußtheit einer allem zugrundeliegenden Einheit vermittelt, durch die wir mit allem im Universum in Verbindung stehen – oft außerhalb von uns zu sein scheint. Beides sind austauschbare Darstellungen ein und derselben Sicht der Wirklichkeit, die mich an Frederick Francks Intuition erinnern: »Und daß das, was außen ist, in meinem Inneren geschieht, daß Außen und Innen untrennbar sind.«[12] Das Tao und das Selbst können als ein und dasselbe aufgefaßt werden, beide sind sinnvermittelnd, und für beide gibt es keine Erklärung.

Bei der Untersuchung der Beziehung zwischen dem Ich und dem Selbst sollte meiner Meinung nach darauf verzichtet werden, das Selbst lokalisieren zu wollen. Der westliche Mensch kommt vom Gedanken nicht los, daß alles Psychologische im Kopf anzusiedeln sei, doch wenn wir von der Frage nach dem Wo ablassen, können wir das Selbst besser verstehen. Das Spüren der Existenz einer göttlichen Energie *ist* die Erfahrung. *Wo* die göttliche

Energie existiert, ist irrelevant. Sollen wir uns in Spitzfindigkeiten darüber verlieren, ob ›Gott dort draußen‹ ist, wie in Robert Brownings Versen: »Gott ist in seinem Himmel / auf der Welt ist alles in Ordnung«[13], oder ob er in uns ist und wir ihn Heiliger Geist nennen? Was spielt es für eine Rolle, ob wir an das Tao oder an das Selbst denken, besteht doch die wesentliche Ähnlichkeit in der Erfahrung der Gnade im Augenblick, wobei die Quelle jenseits unseres Verständnisses und unnennbar ist.

Wenn die Synchronizität wirklich das Tao der Psychologie ist, wie kommt es dann, daß ich nun das Selbst gegen das Tao austausche? Weil diese Austauschbarkeit für mich mit der in der Quantenphysik gemachten Entdekkung verglichen werden kann, wonach die Materie auf der atomaren Ebene einen zweifachen Aspekt hat – je nach Bedingungen erscheint sie entweder als Partikel oder als Welle –, oder mit dem, was die Christen im Mysterium der Trinität erleben, wo Gott eins, aber auch Vater, Sohn und Heiliger Geist ist. Das alles sind Aspekte ein und derselben Wirklichkeit, nur aus einer anderen Perspektive betrachtet. Da unser Gehirn – insbesondere die bei uns dominierende linke Hemisphäre – Schwierigkeiten hat, Ganzheit zu erfassen, erkennen wir nur einzelne Teile des ganzen Bildes und geben jedem Aspekt einen anderen Namen. Das Selbst ist das, was wir in unserem Inneren erfahren, wenn wir eine Verbundenheit mit der Einheit, mit dem ewigen Tao fühlen, das alles, was außerhalb von uns ist, mit uns verbindet. Die Synchronizität erfahren wir aufgrund einer für uns sinnvollen Koinzidenz, durch die sich uns das allem zugrundeliegende Tao enthüllt.

Die Synchronizität ist das Prinzip, das zwischen unserer Psyche und einem äußeren Ereignis, bei dem wir das wunderliche Gefühl haben, das Innere und das Äußere seien miteinander verknüpft, einen akausalen Zusammenhang herstellt (das Gesetz von Ursache und Wirkung muß dabei ausgeschlossen werden, weil keine rationale Erklärung möglich ist). Erleben wir ein synchronistisches Ereignis, so erfahren wir uns nicht als getrennte und isolierte Wesen in einer weiten Welt, sondern spüren auf einer tiefen, sinnvermittelnden Ebene eine Verbundenheit mit anderen und dem Universum. Diese allem zugrundeliegende Verbindung ist das ewige Tao, und ein synchronistisches Ereignis ist eine bestimmte Erscheinungsform desselben.

KAPITEL 3

Der Zugang zur Synchronizität mit der Agatha-Christie-Methode

*Die Ermittlung der Bedeutung eines synchronistischen Ereignisses * Die fragende Haltung * Aufdekkungsmethoden und die Suche nach einer bestimmten Bedeutung * Synchronistische Ereignisse als Hinweise auf unsere unsichtbare Verbindung mit anderen Menschen und mit dem Universum*

Zu wissen, daß es keine neuen Kriminalromane von Agatha Christie mehr geben wird, stimmt einen traurig. Es ist etwa so, wie wenn man ein Kind wäre und wüßte, daß die Fernsehsendung *Raumschiff Enterprise* oder die *Muppet Show* zum unwiderruflich letzten Mal ausgestrahlt wird. Agatha Christie schien bis zu ihrem Tod (zwei ihrer Kriminalromane wurden sogar noch nach ihrem Tod veröffentlicht) eine nicht wegzudenkende englische Institution zu sein. Da sie jahrein, jahraus unermüdlich Kriminalromane schrieb, konnte ich genießerisch ihr letztes Buch lesen und mich darauf freuen, daß bald ein neues erscheinen würde. Liest ein Psychiater solche Kriminalromane, wird er sehr an seinen Beruf erinnert, denn ihre Detektive Hercule Poirot und Miß Marple gehen die menschliche Situation auf beinahe dieselbe Weise wie ein Psychiater an. In jedem ihrer Bücher geschehen nämlich Dinge oder kommen Gegenstände vor, die Agatha Christie zur Frage ›Was hat das zu bedeuten?‹ veranlassen. Oder sie schildert den

Charakter eines Menschen, und da der Charakter eines Menschen sein Schicksal ist, liegt der Schlüssel zur Aufklärung eines Verbrechens immer in der Persönlichkeitsstruktur des Opfers oder des Verdächtigen.

Für mich handelt es sich bei der Agatha-Christie-Methode um eine intuitive, da sie von den Fragestellungen ›Was hat dieses Ereignis zu bedeuten?‹, ›Welches waren die Umstände, unter denen das Ereignis eintrat?‹ und ›Welche Möglichkeiten liegen darin?‹ ausgeht. Im Gegensatz dazu konzentriert sich ein eher nüchterner, sachlich denkender Mensch hauptsächlich auf das Ereignis oder den Gegenstand an sich – auf das, was im Augenblick ist und was mit den fünf Sinnen wahrgenommen werden kann. Damit jedoch das ganze Bild erfaßt werden kann, sind beide Vorgehensweisen notwendig.

Geht man die Synchronizität mit der Agatha-Christie-Methode an, so setzt man voraus, daß synchronistischen Ereignissen eine Bedeutung innewohnt, die ›ermittelt‹ werden kann. Einer meiner Patienten, der wußte, daß ich mich für parapsychologische Phänomene interessierte, erzählte eines Tages zu Beginn der Sitzung eine Geschichte, die für ihn nichts mit der Therapie zu tun hatte – er berichtete nämlich von einem merkwürdigen ASW-Ereignis. Außersinnliche Wahrnehmungen sind stets mit einem Überraschungseffekt verbunden – wie wenn man unerwartet auf etwas Unfaßbares und Phantastisches stößt. Doch damit das Geheimnis ergründet werden kann, darf man sich nicht mit dem Ausruf ›Ist das nicht verblüffend?‹ zufriedengeben, sondern muß sich die Frage ›Was könnte dies bedeuten?‹ stellen; erst dann kann man einen persönlichen Sinn im Ereignis entdecken.

Mein Patient war auf einer Kreuzfahrt im Pazifik gewesen, als er einen scheinbar unbedeutenden Traum hatte. Im Traum befand er sich mit einer Gruppe junger Männer auf einer Kreuzfahrt. Sie waren in Holland an Land gegangen, hatten ein Auto gemietet, waren ins Landesinnere gefahren und stiegen wieder ins Auto, um zum Schiff zurückzukehren. Er war als letzter noch nicht im Wagen, als er einen riesengroßen Mann, der eine holländische Knabenmütze trug, auf sich zukommen sah. Seine Aufmerksamkeit richtete sich auf die Gestalt, die sich ihm näherte und an ihm vorbeiging. Während mein Patient ihr mit den Augen folgte, wandte der riesige Mann den Kopf und blickte meinen Patienten forschend über die Schulter an, als wolle er sagen: ›Kommst du mit?‹ Inzwischen drängten die Freunde meinen Patienten, sich zu beeilen und ins Auto zu steigen. An diesem Punkt endete der Traum, und mein Patient erachtete ihn als nicht sonderlich wichtig.

Am Tag nach diesem Traum legte das Schiff in Honolulu an, wo mein Patient von einem Freund abgeholt wurde. Der Freund schlug vor, sie könnten Bekannten von ihm einen Besuch abstatten, Leuten, die mein Patient noch nie getroffen und von denen er auch noch nie gehört hatte. Als er ihr Haus betrat, überraschte ihn das stark holländisch geprägte Interieur. Dann wanderte sein Blick zum Kamin und fiel auf ein großes Gemälde, das einen Holländer in derselben Kleidung und mit derselben Mütze darstellte, wie sie der Mann im Traum getragen hatte, und der ebenfalls eine Straße entlangging und mit demselben forschenden Ausdruck in den Augen über die Schulter blickte. Der einzige Unterschied bestand darin, daß auf dem Gemälde neben dem Mann eine Frau stand.

Mein Patient war über dieses Zusammentreffen recht verblüfft und spürte, daß der ganzen Situation etwas Spukhaftes anhaftete. Doch es kam ihm nicht in den Sinn, sich nach der Bedeutung des Ganzen zu fragen. Wie viele übersinnliche Ereignisse rief dieser präkognitive Traum ein Gefühl des Erstaunens und der Verblüffung hervor.

Da ich gegenüber der Synchronizität eine Agatha-Christie-Haltung einnehme, ging ich von der Annahme aus, der Traum sei besonders wichtig, *weil* er durch ein ASW-Ereignis unterstrichen wurde. Da die Symbolgestalt des Holländers zweimal auftauchte, mußte ihr unbedingt Aufmerksamkeit geschenkt werden. Wir konzentrierten uns auf den Traum, da wir davon ausgingen, er sei ein wichtiger Hinweis, und benutzten die Methode der Amplifikation und der aktiven Imagination, um ihn besser verstehen zu können. Bei der *Amplifikation* blickt der Patient gewissermaßen durch ein Vergrößerungsglas, das heißt, er geht auf die Einzelheiten des Traumes ein und läßt seinen Assoziationen zu den verschiedenen Aspekten freien Lauf, während der Analytiker auf mögliche symbolische Zusammenhänge oder Bedeutungen hinweisen kann. Der Holländer in diesem einfachen und skizzenhaften Traum wurde von meinem ein Meter achtzig großen Patienten auf etwa zweieinhalb Meter geschätzt, womit das Verhältnis dem eines erwachsenen Mannes zu einem Knaben entsprach. Die Freunde im Wagen verkörperten die Klischeevorstellung des wohlhabenden jungen Mannes, der auf Abenteuer und Vergnügungen aus ist.

Bei der aktiven Imagination geht man von der Visualisierung eines Menschen, Tiers, Gegenstandes oder Symbols aus, wobei es sich meist um ein Traumbild handelt, und versucht, in einem Zustand der geistigen Entspannung zu ›sehen‹ oder sich vorzustellen, was als nächstes passiert. Wird dem Bild, von dem man ausgeht, Aufmerksamkeit geschenkt, so entwickelt es sich von allein weiter – ähnlich wie bei einem Wachtraum. Mein Patient stellte bei seiner aktiven Imagination fest, daß der Holländer eine patriarchalische Gestalt repräsentierte, die einer Großfamilie oder einem Clan angehörte. Er war Arbeiter, unerschütterlich wie ein Fels, zuverlässig, charakterfest und wurde wegen der Ratschläge, die er mit gesundem Menschenverstand erteilte, allgemein geschätzt.

Der riesengroße Mann stellte meinem Patienten eine Frage, die für sein psychisches Wachstum von größter Bedeutung war: Kommst du mit mir, oder bleibst du bei deinen Kameraden? Willst du das patriarchalische Prinzip befolgen, willst du erwachsen und ein Mann werden, der anderen Stärke und Zuverlässigkeit vermittelt, oder bei deinen jugendlichen Kameraden auf dem Schiff bleiben und Vergnügungen und weitere Abenteuer suchen? Die Wahl, vor die der Holländer meinen Patienten stellte, war von grundlegender und unmißverständlicher Bedeutung: Patriarchalisches Prinzip oder ewige Jugend – womit würde er sich identifizieren, wofür würde er sich entscheiden?

Da wir von der Annahme ausgingen, dieser Traum sei aufgrund des ASW-Ereignisses besonders wichtig, wurde uns seine Bedeutung klar. Die Symbolgestalt des Holländers repräsentierte einen wichtigen neuen Archetypus oder ein wichtiges neues Symbol in der Psyche meines Patienten. In den auf den Traum folgenden Monaten handelte der Mann denn auch entschieden aus seiner Stärke heraus. Zum erstenmal in seinem Leben spürte er, daß er sich mit seinem Vater identifizieren konnte, und stellte sogar erfreut fest, daß seine Hände denjenigen seines Vaters zu ähneln schienen.

Sogar scheinbar unbedeutende Ereignisse können synchronistisch sein und einem weiterhelfen, wenn man ihre Bedeutung erkennt. So öffnete ich zum Beispiel eines Morgens, an dem eine bestimmte junge Frau zur Sitzung kommen sollte, meine Post und stellte fest, daß die Bank ihren Scheck zurückgeschickt hatte, weil er nicht gedeckt war. Als die Frau kam und sah, daß der Scheck zurückgewiesen worden war, sagte sie: »Eigentlich wollte ich nicht über das Thema Geld reden, aber nun bleibt mir wohl nichts anderes übrig.« Geld war für sie ein großes Problem, auf das sie bislang jedoch noch nicht zu sprechen gekommen war und das sie nur widerwillig anschnitt. Nun schien die Synchronizität sie indes dazu zu zwingen, indem sie ihr die Botschaft übermittelte, daß sie dieses Thema nicht länger umgehen könne. Seit mehr als drei Jahren war es nicht mehr vorgekommen, daß einer ihrer Schecks zurückgewiesen worden war. Von ungefähr fünfzehn bis zwanzig Schecks, die sie alle mehr oder weniger zur selben Zeit ausgestellt hatte, war einzig der Scheck an *mich* von der Bank nicht akzeptiert worden. Dies stellte für sie eine bedeutungsvolle Koinzidenz dar, bei der das äußere Ereignis einen Zusammenhang mit einem stark emotionsgeladenen inneren Problem aufwies.

Für die meisten Menschen ist es eine logische Folge, daß ein Scheck zurückgesandt wird, wenn nicht genügend Geld auf dem Konto ist. Die Botschaft ist keineswegs mysteriös, sondern es geht lediglich darum, daß man entweder mehr Geld einnehmen oder weniger Geld ausgeben muß. Doch sobald der *Zufall* mit im Spiel ist, sollte man sich gemäß der Agatha-Christie-Methode die Frage stellen, ob es sich um ein synchronistisches Ereignis handelt, und, falls dies zutrifft, herauszufinden versuchen, welche Bedeutung ihm innewohnen könnte. Als der ungedeckte Scheck zurückkam, bedeutete dies für meine Patientin, daß sie dem Geldproblem nicht länger ausweichen konnte. Die Kosten für die Psychotherapie hatten sie verstimmt, weil es ihr Mühe bereitete, Geld für sich selbst auszugeben und ihrer Therapie so viel Wert beizumessen. Die synchronistische Botschaft des nicht akzeptierten Schecks konfrontierte sie mit der Tatsache, daß sie nicht länger vor diesen wichtigen emotionalen Problemen davonrennen konnte.

Frederic Spiegelberg, der berühmte Professor für vergleichende Religionswissenschaften an der Stanford Universität und Präsident des *Institute of Asian Studies* in San Francisco, vergleicht die Haltung, die der östliche Mensch angesichts eines unerwarteten und unglücklichen Ereignisses einnimmt, mit der des westlichen Menschen. In seinen Vorlesungen in Stanford weist Spiegelberg immer wieder darauf hin, wie unterschiedlich sich ein westlicher Professor und ein östlicher Gelehrter verhalten, wenn sie beim Überqueren des Universitätsgeländes von einem plötzlich herunterfallenden Ziegelstein getroffen werden. Wenn der Professor vom Ziegelstein getroffen wird und sich den Arm bricht, schreit er vor Schmerz und Überraschung auf, wodurch er die Aufmerksamkeit der Studenten auf sich lenkt, die sich dann um ihn scharen. Unverzüglich wird ein Arzt herbeigerufen, das Areal abgesperrt und der Reparaturdienst informiert. Die Universität wird für den Schaden haftbar gemacht, und die Versicherungsgesellschaft kommt für den Unfall auf. Der Professor seinerseits hat das Gefühl, es sei ein unglückliches Ereignis gewesen, ist wütend oder ergeht sich in Selbstmitleid und findet, er sei großmütig, wenn er keinen Schadenersatz von der Universität fordert. Die anderen haben Mitleid mit ihm, während sie auf seinem Gips unterschreiben, und sind entweder der Meinung, die Universität sei schuld am Unfall, oder sie finden, das Ereignis habe schließlich von niemandem vorausgesehen werden können.

Der östliche Gelehrte, der beim Überqueren des Campus vom herunterfallenden Ziegelstein getroffen wird, schreit nicht auf und zieht folglich auch niemandes Aufmerksamkeit auf seinen gebrochenen Arm; vielmehr erachtet er das Ereignis als eine Spiegelung seiner selbst, als eine Folge seines Karmas. Daher wendet er seinen Blick unverzüglich nach innen, um herauszufinden, was er getan haben könnte, um dieses Ereignis auszulösen. Er kommt nicht auf den Gedanken, andere Menschen müßten vor weiteren herunterfallenden Ziegelsteinen geschützt werden, oder er könne von der Versicherung eine Entschädigung verlangen. Er allein ist für den Unfall verantwortlich, aber er übernimmt auch keinerlei Verantwortung für irgend jemand anderen.

Für einen westlichen Professor kommt ein solches unangenehmes Ereignis aus heiterem Himmel. Schließlich hat ein unschuldiger Passant nicht das geringste mit einem solchen Vorfall zu tun. Ein östlicher Gelehrter hingegen erachtet alles, was ihm zustößt, als völlig gerechtfertigt, weshalb er findet, er allein sei für den gebrochenen Arm verantwortlich.

Jemand, der das Synchronizitätsprinzip zwar als gegeben, aber nicht als das einzig wirksame ansieht, wird zunächst vielleicht wie der Professor reagieren, dann aber wie der östliche Gelehrte über das Ereignis nachdenken. Er wird zwar die Schuld nicht bei sich suchen, aber die Möglichkeit nicht ausschließen, daß es sich um ein synchronistisches Ereignis handeln könnte. Gemäß der Agatha-Christie-Methode wird er den Vorfall als potentiell bedeutungsvolle Koinzidenz betrachten und die Frage stellen: Gibt sie eine *Erklärung* zu einer inneren Situation ab? Ist sie eine Metapher für etwas, das in meinem Leben geschieht? Wenn wir die Idee der Synchronizität akzeptieren, bietet uns jedes ungewöhnliche Ereignis die Gelegenheit, innezuhalten und darüber nachzudenken.

Diese Methode des Aufspürens eines möglichen Sinns oder einer potentiellen Bedeutung kann sowohl im Alltagsleben als auch im Rahmen einer Psychotherapie auf Träume und synchronistische Ereignisse angewendet werden, da sich das kollektive Unbewußte in den Träumen wie auch bei den synchronistischen Ereignissen in symbolischer Sprache äußert. Häufig übersehen oder vergessen wir solche Ereignisse oder Träume, weshalb wir zuerst lernen müssen, ihnen Beachtung zu schenken und uns an sie zu erinnern. Dann können wir ihre mögliche Bedeutung erforschen, indem wir über die symbolischen Aspekte nachdenken und uns fragen, ob sie eine Entsprechung zu irgend etwas, das uns im Augenblick wichtig oder unangenehm ist, darstellen.

Obwohl wir die Bedeutung nicht immer ganz zu erfassen vermögen, ist dieser Prozeß der Auseinandersetzung an und für sich wertvoll, auch wenn wir keine passende Interpretation finden können. Der Wert besteht darin, daß wir uns mit dem kollektiven, symbolischen Unbewußten verbunden fühlen, das unserer Psyche Nahrung spendet. Wenn jemand, der sich an seine Träume zu erinnern pflegte, diese Fähigkeit verliert und eine Phase der annähernden Traumlosigkeit durchmacht, erlebt er sich als nicht mehr in Fühlung mit etwas Wichtigem und als von einer sinnvermittelnden Quelle abgeschnitten.

Da wir nur über ein begrenztes Bewußtsein verfügen, können wir nur einen Teil des kollektiven Unbewußten auf einmal sehen; von Träumen oder synchronistischen Ereignissen vermittelte Symbole oder Eindrücke werden sehr häufig nur teilweise verstanden, und zwar als Fingerzeige, die uns zu Vermutungen anregen. Geschehen eine Reihe ungewöhnlicher Ereignisse hintereinander, gewinnen wir manchmal den sich zudem mit jedem weiteren Vorfall verstärkenden Eindruck, daß irgend etwas versucht, mir irgend etwas zu sagen. Vielleicht besteht der Hinweis darin, daß sich uns die Haare sträuben oder daß wir ganz kribbelig werden, oder welcher Art die Signale auch immer sein mögen; auf jeden Fall spüren wir, daß eine Botschaft entschlüsselt werden muß. In diesem Fall ist die Agatha-Christie-Methode eine ganz natürliche Vorgehensweise.

Meine Freundin, die Malerin Ann Hogle, wurde von einer Reihe solcher Ereignisse überrascht. Ihr Sohn hatte einen Streich ausgeheckt, den er am folgenden Tag während des Lateinunterrichts verüben wollte, und sie dazu überredet, mit ihm in einen Waffenladen zu gehen, um ihm einige Platzpatronen zu kaufen. Er und sein Freund wollten nämlich an einer bestimmten, entscheidenden Stelle des Unterrichts einen Schuß abfeuern. Auf der Heimfahrt trafen Ann und ihr Sohn am Fuß eines Hügels auf eine Unfallstelle, wo kurz zuvor ein Auto völlig ausgebrannt war. Es bot sich ihnen ein schrecklicher Anblick. Am selben Nachmittag brach zu Hause auf dem Herd ein Feuer aus, was zur Folge hatte, daß Kaffeebohnen in Brand gerieten, die jedoch gelöscht und anschließend mit dem Staubsauger abgesaugt wurden. Etwas später fing der Staubsauger Feuer, weil offenbar noch einige Kaffeebohnen darin geschwelt hatten. Dies waren die zwei einzigen Brände, die sich je in Anns Haushalt ereignet hatten. An jenem Abend sah sie nur kurz fern, wobei ihr auffiel, daß der Film von einem Feuer handelte. Ann spürte, daß das wiederholte Auftreten eines Feuers von Bedeutung war, und schlug beunruhigt in einem Symbollexikon unter dem Stichwort ›Feuer‹ nach. Doch die Bedeutung all dieser Ereignisse entzog sich ihr immer noch. Verwirrt und bestürzt ging sie zu Bett, wachte jedoch um vier Uhr morgens auf und war völlig davon überzeugt, die Serie von Feuern müsse irgend etwas mit dem Abfeuern der Platzpatronen zu tun haben.

Am Morgen sprach sie mit ihrem Sohn und sagte, es wäre ihr lieber, wenn er keinen Schuß abfeuern würde. Obwohl es von der Logik her gesehen keinen Grund dafür gab, zwischen den verschiedenen Feuern und seinem Streich einen Zusammenhang herzustellen, schien ihr intuitiv doch eine Verknüpfung zu bestehen. Ihr Sohn versprach ihr bereitwillig, seinen Streich nicht auszuführen, da auch er die Ereignisse als unheimlich empfunden hatte.

Als er später im Lateinunterricht saß, währenddessen er die Platzpatronen hatte abfeuern wollen, drang vom

Flur her das ohrenbetäubende Geräusch einer Explosion ins Klassenzimmer. Zwei Knaben hatten mit Schwärmern herumgespielt, die explodiert waren; ein Knabe erlitt Verletzungen an den Händen.

Was soll man von einer solchen Geschichte halten? Was wäre geschehen, wenn Ann die Häufigkeit der Ereignisse nicht als Warnung aufgefaßt hätte? Fand die Explosion der Schwärmer anstelle eines anderen Ereignisses statt? Und wenn ja, weshalb? Da ich an Agatha Christies stets sauber aufgehende Lösungen gewöhnt bin, hinterließ dieses rätselhafte Ereignis bei mir ein Gefühl des Unbefriedigtseins und der Verwirrung. Meine Freundin hingegen vermochte einen Sinn darin zu sehen: Die Explosion der Schwärmer hatte sie auf einer innerpsychischen Ebene berührt, auf der sie die Abfolge der Ereignisse in ihrer ganzen Tragweite intuitiv erfassen konnte.

Diese Reihe von synchronistischen Ereignissen befriedigt den logischen Verstand nicht, doch Ann hatte mit dem intuitiven Aspekt ihrer Persönlichkeit an all diesen Ereignissen teilgenommen und war tief in ihrem Innern davon überzeugt (eine Überzeugung, die sich nur unzureichend in Worten ausdrücken läßt), jene allem zugrundeliegende kosmische Wirklichkeit – das Tao – erfahren zu haben. Meine Freundin hatte es nicht nötig, die Erfahrung mittels Gedanken oder Theorien zu *rationalisieren* – die Reihe synchronistischer Ereignisse an sich war für sie bedeutsam genug.

Die Telepathie kann als weiteres Beispiel dafür angeführt werden, daß in gewissen Fällen die durch die synchronistische Erfahrung hervorgerufenen Gefühle und Empfindungen wichtiger zu sein scheinen als irgendeine durch das Ereignis übermittelte Botschaft. Vor kurzem erzählten mir zwei Frauen, sie hätten eine Botschaft dieser Art erhalten; in beiden Fällen handelte es sich buchstäblich um eine ›Kommunikation auf der Bauch-Ebene‹.

Eine dieser Frauen, Judy Vibberts, die einen ruhigen und geruhsamen Nachmittag im Golden Gate Park verbrachte, wurde um genau halb fünf Uhr (sie hatte sich die Zeit, ohne zu wissen warum, gemerkt) wie aus heiterem Himmel von unerträglichen Schmerzen im Unterleib überfallen, die von rasenden Kopfschmerzen begleitet waren. An jenem Abend erfuhr sie, daß eine gute Freundin von ihr einen schrecklichen Unfall erlitten hatte, bei dem ihre Wagenseite gerammt worden war und sie sich schwere Unterleibs- und Kopfverletzungen zugezogen hatte. Sie war sofort in ein Krankenhaus eingeliefert und einer Notoperation zur Entfernung ihrer gerissenen Milz unterzogen worden und lag nun in einem äußerst kritischen Zustand auf der Intensivstation. Der Unfall hatte sich um genau halb fünf Uhr ereignet, und die Botschaft war Judy unverzüglich übermittelt worden, die die Information telepathisch in ihrem Unterleib empfangen hatte.

Auf ähnliche Weise wurde Nancy Haugen von einer schmerzhaften Botschaft getroffen. Dieses Mal handelte es sich um eine Kommunikation zwischen Mutter und Tochter, die über einen ganzen Kontinent hinweg stattfand. Nancys Mutter, die in Philadelphia lebte, hatte akute Unterleibsschmerzen mit Erbrechen und Würgegefühlen als vorherrschenden Symptomen sowie damit einhergehenden Krämpfen entwickelt; die Ursache schien zu Beginn noch ungewiß zu sein, doch schließlich ergab das Krankheitsbild einen Darmverschluß, der einen chirurgischen Eingriff erforderte. Nancy, die in Nordkalifornien lebte, schien zur gleichen Zeit in Magen und Darm fühlend mitzuschwingen. Bevor Nancys Vater ihr telefonisch mitteilte, was los war, hatte sie mehrere Stunden lang an einer unangenehmen Übelkeit gelitten, ohne jedoch erbrechen zu müssen.

Telepathische Übertragungen vollziehen sich normalerweise zwischen zwei Menschen, zwischen denen eine starke gefühlsmäßige Bindung besteht – zwischen Eltern und Kindern, Eheleuten, Geliebten, guten Freunden und vor allem zwischen Zwillingen. Solche Menschen scheinen durch eine emotionale Verbundenheit, bei der Liebe häufig das tragende Element ist, intuitiv aufeinander eingestimmt zu sein. Wenn wir lieben, prägt vielleicht irgend etwas unsere Seele, so daß wir offen sind und auf einem bestimmten auf diese Beziehung eingestellten Kanal senden und empfangen können. Das Medium, durch das diese Botschaften gesandt und empfangen werden, ist meiner Meinung nach das kollektive Unbewußte, das uns alle verbindet. (Gewisse medial begabte Menschen scheinen fähig zu sein, sich auf diese Ebene einzustimmen und sie nach Informationen absuchen zu können, ohne daß sie einer bestimmten emotionalen Bindung bedürften, doch ansonsten vollziehen sich die meisten spontanen telepathischen Übertragungen zwischen zwei Menschen, die gefühlsmäßig stark miteinander verbunden sind.)

Auch in der Analyse muß sich eine starke Verbundenheit entwickeln, damit der analytische Prozeß wirksam sein kann. Die therapeutische Beziehung rührt an gewisse Aspekte des persönlichen und kollektiven Unbewußten nicht nur des Patienten, sondern auch des Analytikers. Da bei der Synchronizität das kollektive Unbewußte mit im Spiel ist und da zwischen zwei gefühlsmäßig miteinander verbundenen Menschen Telepathie möglich ist, scheint die Schlußfolgerung zuzutreffen, daß in der Beziehung zwischen Analytiker und Patient außersinnliche oder synchronistische Ereignisse stattfinden können. Jung bemerkt dazu:

> Die Beziehung zwischen Arzt und Patient kann, besonders wenn eine Übertragung des Patienten oder eine mehr oder weniger unbewußte Identifikation von

> Arzt und Patient hineinspielt, gelegentlich zu Erscheinungen parapsychologischer Natur führen.[1]

An einer anderen Stelle schildert er ein telepathisches Ereignis, das zwischen einem seiner Patienten und ihm stattfand. Jung war in eine andere Stadt gefahren, um einen Vortrag zu halten, und ungefähr um Mitternacht ins Hotel zurückgekehrt. Er ging zu Bett, konnte aber lange nicht einschlafen, und dann geschah folgendes:

> Etwa gegen zwei Uhr – ich muß gerade eingeschlafen sein – erwachte ich mit Schrecken und war überzeugt, daß jemand in mein Zimmer gekommen sei; es war mir auch, als ob die Türe hastig geöffnet worden wäre. Ich machte sofort Licht, aber da war nichts. Ich dachte, jemand hätte sich in der Tür geirrt, und schaute in den Korridor, doch da war Totenstille. ›Merkwürdig‹, dachte ich, ›es ist doch jemand ins Zimmer gekommen!‹ Dann versuchte ich mich zurückzuerinnern, und es fiel mir ein, daß ich an einem dumpfen Schmerz erwacht war, wie wenn etwas an meine Stirn geprallt und dann an der hinteren Schädelwand angestoßen wäre. – Am anderen Tag erhielt ich ein Telegramm, daß jener Patient Suizid begangen hätte. Er hatte sich erschossen. Später erfuhr ich, daß die Kugel an der hinteren Schädelwand steckengeblieben war.[2]

Doch nicht nur der Arzt, sondern auch der Patient kann Empfänger einer telepathischen Botschaft sein. Eine meiner Kolleginnen schilderte mir eine solche Situation. Sie hatte ihre Praxis in San Francisco für einen Monat geschlossen, um in den Nahen Osten und nach Europa zu reisen, doch durch den tragischen Tod ihrer Eltern fand ihr Urlaub ein jähes Ende. Da ihre Eltern an der Ostküste gelebt hatten und der Unfall in Israel passiert war, erfuhr man in San Francisco nichts davon. Meine Kollegin nahm ihre Arbeit wie geplant wieder auf. Einerseits fand sie, es wäre eine unnötige Belastung für ihre Patienten, wenn sie ihnen Einzelheiten des tragischen Ereignisses erzählen würde, andererseits wollte sie jedoch nicht so tun, als käme sie gerade von ihrem langen Urlaub zurück, da ihr dies wie eine Vorspiegelung falscher Tatsachen vorgekommen wäre. Daher beschloß sie, ihnen lediglich zu sagen, sie habe ihre geplanten Ferien wegen eines tragischen Ereignisses in ihrer Familie abbrechen müssen. Eine Patientin erzählte ihr daraufhin einen Traum, in dem sie mit ihrer Therapeutin (die von Verwandten begleitet wurde) in einem Bus reiste, der sich mit Giftgas zu füllen begann. Da der Tod der Eltern meiner Kollegin durch Kohlenmonoxyd eingetreten war, fand sie, ihre Patientin habe gewisse Einzelheiten ihrer emotionalen Situation aufgefangen und sie in ihren Traum eingebaut.

Es ist schwer festzustellen, wo die Intuition aufhört und die Telepathie beginnt, wenn zwei Menschen durch intensive Gespräche eine Beziehung zueinander aufgebaut haben. Es scheint, als würden sich Therapeut und Patient während des analytischen Prozesses häufig in einem von beiden erlebten Zustand leichter Trance befinden. Wenn sie einander, jeder in seinem Sessel, gegenübersitzen, spiegeln sie unbewußt die Haltung und die Gesten des anderen, während sie gleichzeitig Gedanken und Gefühle miteinander teilen. In solchen Situationen kommt es oft vor, daß ich an etwas Bestimmtes denke, das der Patient dann in seinem nächsten Satz prompt aufgreift. Oder jemand erzählt mir einen Traum, und ich habe den Eindruck, das Bild, das vor meinem geistigen Auge entsteht, müsse mit dem Traumbild identisch sein, weil mir die Traumsituation sofort klar zu sein scheint. (Harry Wilmer, ehemals Professor für Psychiatrie am Langley Porter Institut, schlug einmal vor, man solle einen Künstler engagieren, der das, was der Patient sehe, und das, was der Therapeut sehe, malen würde, damit überprüft werden könne, ob jenes subjektive Gefühl, man würde dasselbe Traumbild *sehen,* stimme, und um dann festzustellen, was das Gefühl bedeuten könne. Doch meines Wissens ist dieser Plan nie verwirklicht worden.) In Berlin hat ein Forscherteam von vier Jungschen Analytikern das Auftreten von synchronistischen Ereignissen während des analytischen Prozesses untersucht; in *Success and Failure in Analysis*[3] berichtet Hans Dieckmann über diese Untersuchung.

Bei den angeführten Beispielen handelt es sich um außersinnliche Wahrnehmungen, die sich während analytischer Sitzungen, in denen es um archetypisches Material geht, einstellen. Vor dem geistigen Auge des Therapeuten mag ein unwesentliches Bild aufsteigen, das für den Patienten jedoch von größter Bedeutung ist. Oder der Traum eines Patienten löst beim Therapeuten höchst persönliche Erinnerungen und Gedanken aus, dank denen er überraschenderweise die Traumbilder des Patienten versteht. Zu gewissen Zeiten scheint zwischen Therapeut und Patient eine telepathische Verbindung zu bestehen, oder ihre Seelen scheinen wie ineinander verwoben zu sein. Wie tief eine solche Verbundenheit sein kann, zeigt sich auch bei vielen Menschen im Alltagsleben, so zum Beispiel, wenn jemand einem anderen eine bewegende, wichtige, persönliche Erfahrung mitteilt und jener sie genau versteht, weil er auf der Gefühlsebene eine Verbindung zu seinen eigenen ähnlichen Erfahrungen herstellen kann, wenn also jeder seine Erlebnisse mit dem andern teilt, der sie vor seinem geistigen Auge sehen und gefühlsmäßig nachvollziehen kann.

Alle diese Fälle von Synchronizität sind einmalige oder Schlüsselereignisse, die für sich betrachtet von Interesse sind. Wenden wir jedoch die Agatha-Christie-Methode an, so können wir erkennen, worauf das Muster dieser Schlüsselereignisse letztlich hinweist oder welche Bedeutung all diesen Ereignissen zugrunde liegt.

Ein synchronistisches Ereignis kann eine symbolische Bedeutung annehmen, wenn wir das am Ereignis beteiligte Symbol auf unsere psychische Situation anwenden und sie somit verstehen können. Wenn wir synchronistische Ereignisse in derselben Weise wie Träume angehen und ihre symbolische Bedeutung herauskristallisieren, kann dies genauso wertvoll sein wie die Auseinandersetzung mit Träumen.

Für mich sind telepathische Übertragungen, die sich zwischen zwei Menschen vollziehen, ein Beweis dafür, daß zwischen den beiden auf einer tieferen Ebene des kollektiven Unbewußten eine biologisch oder psychisch begründete Verbundenheit besteht. Kommt es in einer Therapie zu telepathischen Phänomenen, so deuten sie auf das Vorhandensein von Übertragung und Gegenübertragung oder auf ein liebevolles Verbundensein oder auf beides hin. Das telepathische Ereignis zeigt auf, wie tiefgreifend die therapeutische Arbeit ist.

All diese Ereignisse weisen darauf hin, daß zwischen uns und allem anderen in diesem Universum möglicherweise eine unsichtbare Verbindung besteht und nicht Zusammenhangslosigkeit oder Trennung; zudem liefern uns diese Ereignisse einen tragfähigen Beweis für die Existenz einer allem zugrundeliegenden Matrix, für das Tao. Damit ein synchronistisches Ereignis stattfinden kann, muß der Raum zwischen Subjekt und Objekt, statt leer zu sein, gewissermaßen ein verbindendes Glied enthalten oder als Übertragungsmedium dienen. Dies ist es, was Jung das *kollektive Unbewußte* nannte.

Synchronistische Ereignisse sind *Hinweise* auf ein allem zugrunde liegendes, verbindendes Prinzip. Jedesmal, wenn ein synchronistisches Ereignis stattfindet, erfahren wir die sichtbaren und faßbaren »abertausend Dinge« als Aspekte des Einen; die unsichtbare Matrix hingegen, jene unergründliche, unbeschreibbare, unsichtbare Verbindung – das Tao –, bleibt ein großes Geheimnis.

KAPITEL 4

Wie ein Wachtraum

*Synchronistische Ereignisse sind wie Träume * Die Regie funktioniert gut * Die symbolische Interpretation als Mittel zum Verständnis der Synchronizität*

In einem alten Schlager heißt es: »Hast du je einen Traum spazierengehen sehen? Ich schon!« Ein synchronistisches Ereignis kann uns wie ein Traum vorkommen, den wir im Wachzustand erleben; dabei spielt es keine Rolle, ob es sich um ein traumhaft schönes Erlebnis oder um einen Alptraum handelt. Genau wie Träume stehen auch synchronistische Ereignisse in einem Zusammenhang mit unserer Psyche, das heißt, sie sind normalerweise metaphorische Kommentare zu irgend etwas, das für uns von psychologischer Bedeutung ist, und können uns, wenn wir sie verstehen, zu neuen Einsichten verhelfen. Ein synchronistisches Ereignis kann unmittelbar für uns von Bedeutung sein, doch manchmal müssen wir erst eine Weile nachdenken, damit sich uns der Sinn erschließt. Auf ähnliche Weise scheinen uns gewisse Träume in ihrer Bedeutung sofort klar zu sein, während die meisten analysiert werden müssen, damit ihre Botschaft verständlich wird. Überdies verwenden wir, wenn wir den Sinn synchronistischer Ereignisse aufspüren, dasselbe Instrumentarium wie bei der Traumdeutung.

Die Synchronizität manifestiert sich, genau wie die

Träume, je nach Mensch in höchst unterschiedlicher Weise. Manche Menschen erinnern sich jeden Morgen an einen Traum, während andere behaupten, nie zu träumen. Einige sind der Ansicht, sie hätten in ihrem ganzen Leben nur ein paar wenige wichtige Träume gehabt, und haben die wenigen, an die sie sich erinnern, vielleicht in ihrer Kindheit geträumt. Gewisse Menschen haben Träume, die reich an Symbolen und Farben sind, während andere aussagen, sie träumten nur in Grautönen oder von den Trivialitäten des Alltags. Mit der Synchronizität verhält es sich nicht anders: Manche Menschen beobachten beinahe täglich irgendein synchronistisches Ereignis in ihrer Umgebung, während andere sich nicht daran erinnern können, jemals eine bedeutsame Koinzidenz erlebt zu haben. Andere wiederum haben in ihrem Leben ein oder zwei wirklich bedeutsame synchronistische Ereignisse erlebt, die einen nachhaltigen Eindruck bei ihnen hinterlassen haben. Menschen erinnern sich in höchst unterschiedlichem Maß sowohl an Träume als auch an synchronistische Ereignisse, die zudem in ihrer Häufigkeit, Intensität und ihrem dramatischen Ablauf variieren; und genau wie gewisse Symbole in Träumen immer wieder auftauchen, können sich auch bei synchronistischen Ereignissen gewisse Themen wiederholen. Auch die *Regie* kann bei synchronistischen Ereignissen genauso phantasievoll und präzise sein wie bei Träumen.

Da sich die Menschen sehr unterschiedlich äußern, wenn sie nach ihren Träumen oder nach synchronistischen Ereignissen befragt werden, ist es interessant, Mutmaßungen über die Diskrepanz zwischen Erinnerung und tatsächlichem Geschehen anzustellen. Als William Dement, der berühmte Forscher auf dem Gebiet der verschiedenen Schlafphasen, und seine Mitarbeiter an der Stanford-Universität die Träume erforschten, fanden sie heraus, daß wir alle, ob wir uns erinnern oder nicht, jede Nacht sechs- bis achtmal träumen. Intuitiv bin ich der Ansicht, daß dies auch auf die Synchronizität zutrifft, das heißt, daß in unserer Umgebung jeden Tag synchronistische Ereignisse stattfinden, ob wir es merken oder nicht.

Die individuellen Unterschiede sind möglicherweise auf die Persönlichkeitsstruktur des einzelnen zurückzuführen. Mir scheint, daß Menschen, die sich nur selten an Träume erinnern und die, sofern sie sich erinnern, größte Schwierigkeiten haben, eine Beziehung zu ihnen herzustellen, mehrheitlich logische, übermäßig rationale und stark arbeitsorientierte Menschen, öfters Männer als Frauen und Menschen sind, die als herzinfarktgefährdet gelten und eine unflexible und wenig spielerische Geisteshaltung haben. Diesen Menschen kommt das Konzept der Synchronizität äußerst suspekt vor und sollte ihrer Meinung nach, genau wie die ASW und mystische religiöse Erfahrungen, mit Vorsicht genossen werden. Da ihnen der Zugang zu intuitivem Wissen verwehrt ist, wird ihnen nur selten bewußt, daß irgend etwas eine spirituelle oder psychologische Bedeutung haben kann. Folglich ist die Wahrscheinlichkeit, daß solche Menschen sich an Träume und synchronistische Ereignisse erinnern und diese eine Wirkung auf sie ausüben, gering; erinnern sie sich dennoch, so messen sie ihnen keine Bedeutung bei.

Genau wie der Traum hängt auch die Synchronizität von der Aktivität der Psyche ab. Befinden wir uns in starkem innerem Aufruhr, so erinnern wir uns häufig an Träume von großer Intensität, die ungewöhnlich eindrücklich und emotionsgeladen sind; zudem nimmt in diesem Fall unser Erinnerungsvermögen zu. Auch die Synchronizität scheint in einem gewissen Maß zuzunehmen, wenn unsere Gefühle, sei es, weil wir uns verlieben, weil wir uns in einer schwierigen kreativen Phase oder in einem emotionalen Konflikt befinden, durch eine bestimmte Intensität gekennzeichnet sind. Bei größerer emotionaler Anspannung scheinen synchronistische Ereignisse und Fälle von ASW häufiger aufzutreten; ziehen wir in einer solchen Situation das auf der Synchronizität beruhende *I Ging* zu Rate, so erhalten wir oft unheimlich präzise Deutungen. Je größer die psychische Intensität, desto stärker ist vermutlich die Wirkung; vielleicht geraten wir aber auch durch den emotionalen Aufruhr derart in Verwirrung, daß wir geneigt sind, den Träumen und der Synchronizität mehr Aufmerksamkeit zu widmen.

Synchronistische Ereignisse können sich, genau wie die in Träumen auftretenden Gestalten und Symbole, die anscheinend unter der kundigen Leitung eines Regisseurs ausgewählt werden, durch eine phantasievolle, wenn nicht sogar humoristisch präzise Wahl der einzelnen Elemente auszeichnen. Zur Veranschaulichung einer solch qualitativ hochstehenden Regiearbeit und um aufzuzeigen, daß ein synchronistisches Ereignis wie ein Traum angegangen und gedeutet werden kann, möchte ich nachfolgend schildern, was ich eines Abends mit Freunden erlebte.

Das Abendessen war vorüber, und wir ließen uns in einem Zimmer mit einer großen gläsernen Schiebetür nieder, die den Blick auf einen grünen Rasen, Büsche, einen Zaun und auf die welligen, braunen, grasbedeckten Hügel von Tiburon freigab. Wir waren drei Paare, tranken Kaffee und Kognak und unterhielten uns. Ann, eine Künstlerin, stellte eine Frage, die sie sehr beschäftigte und uns alle in Bann hielt. Sie erzählte uns, sie sehe hin und wieder, wenn sie die Augen schließe, dämonische, böse Gesichter, bei deren Anblick sie jedesmal instinktiv zurückschaudere; sobald sie die Augen öffne, breche der Kontakt zu diesen Gesichtern oder zu dem, was sie repräsentieren mochten, ab. Dann fragte sie uns, ob sie diese Dämonen auf irgendeine Weise konfrontieren solle. Verhielt sie sich feige, indem sie die Augen öffnete? War ihr Verhalten psychologisch gesehen falsch?

Da drei von uns Psychiater waren, und außer Ann noch ein Künstler sowie Jim, mein Ehemann, damals Verleger und Herausgeber des Magazins *Psychic* (heute *New Realities*), anwesend waren, stieß Anns Frage auf vielfältiges Interesse, und wir suchten nach Begründungen sowohl für eine verstärkte Kontaktnahme (durch aktive Imagination oder einen Dialog) als auch für ein Vermeiden des Kontakts mit den Dämonen, was Anns bisherige Strategie gewesen war. Mitten in dieser Diskussion wurden wir durch ein scharrendes Geräusch gestört – ein Tier kratzte an der Schiebetür.

Das Geräusch lenkte uns ab. Wir wandten uns um und sahen, wie ein Stinktier versuchte, hereinzukommen. Daraufhin kreiste unser Gespräch natürlich um diese ungewöhnliche Situation, da es sich um das erste Stinktier handelte, das unsere Gastgeber jemals in ihrer Umgebung gesehen hatten. Normalerweise gehen Stinktiere den Menschen aus dem Weg – wieso versuchte dieses hier, ins Haus zu gelangen? Wir mußten herzhaft über die Vorstellung lachen, daß jemand aufstehen und es hereinlassen könnte. Da es mittlerweile spät geworden war, verabschiedeten wir uns kurz nach diesem Zwischenfall.

Als wir nach Hause fuhren, äußerte Jim die Vermutung, das Stinktier an der Tür könne eine synchronistische Antwort auf Anns Frage gewesen sein. Bis zu jenem Zeitpunkt war das Ereignis bloß ein ungewöhnlicher Vorfall gewesen, der an sich zwar interessant, aber bedeutungslos war. (Genau das gleiche Gefühl hatte ich vor der Analyse in bezug auf meine Träume gehabt, die farbig und skizzenhaft waren. Für mich waren sie nur vorübergehend von Interesse, wie wenn man jeden Abend ins Kino ginge, um sich einen Film anzuschauen, der aber nur dann einen Eindruck hinterläßt, wenn er ungewöhnlich ist.) Indem wir die Möglichkeit der Synchronizität in Erwägung zogen, bekam das Ereignis des Stinktiers an der Tür plötzlich eine Bedeutung. Überraschenderweise waren sowohl eine Analogie zu Anns Situation als auch die Antwort auf ihre Frage im Ereignis enthalten.

Das Stinktier, das hereinkommen wollte, verhielt sich wie die dämonischen Gesichter. Es wäre töricht gewesen, die Tür zu öffnen – Weisheit und gesunder Menschenverstand, und nicht Feigheit, lagen dieser Entscheidung zugrunde. Wäre das Stinktier hereingelassen worden, hätte es den Raum verpestet und verstänkert; in gleicher Weise würden die dämonischen Bilder, wenn Ann sie hereinließe, mit ihrer negativen Energie ihren inneren Lebensraum verpesten. Die *Regie* hatte mit diesem synchronistischen Ereignis ein höchst lebendiges Symbol geliefert. Dadurch, daß wir über den Kontext und die Attribute des Symbols nachdachten, gewannen wir einen Einblick in Anns Situation und erhielten zugleich einen Hinweis darauf, wie Ann sich in Zukunft verhalten sollte – sie sollte nämlich die Kontaktnahme mit den Dämonen vermeiden.

Um ein synchronistisches Ereignis oder einen Traum zu verstehen, sollten wir uns die Frage stellen, in welchem emotionalen Kontext er stattgefunden hat. Was bereitete Schwierigkeiten? Welches Problem mußte gelöst werden? Wie waren die Sachlage oder die innere Stimmung und die äußeren Umstände? Synchronistische Ereignisse scheinen innerhalb eines emotionalen Kontexts einzutreten; sie sind gleichsam ein Kommentar und eine Parallele zur realen Situation. Das Ereignis mit dem Stinktier war eine unmittelbare, synchronistische Erklärung in Form einer Analogie.

Der nächste hilfreiche Schritt zum Verständnis eines synchronistischen Ereignisses besteht darin, sich zu fragen, was die am Ereignis beteiligten Menschen, Tiere und Gegenstände symbolisieren könnten (ein Stinktier ist ein recht offensichtliches Symbol) und welche Analogie dem Ereignis innewohnen könnte.

Manchmal ist ein synchronistisches Ereignis für den beteiligten Menschen auf beunruhigende Weise offenkundig. So zum Beispiel war sich die Frau, deren Hund von einem Auto angefahren worden war, unverzüglich der unheimlichen Bedeutung dieses Ereignisses bewußt, da sich der Unfall kurz nach der Trennung von ihrem Partner ereignet hatte. Sie hatte bereits einmal einen Hund besessen, der unmittelbar nach ihrer Entscheidung, den Mann, mit dem sie damals zusammenlebte, nicht zu heiraten, aus ihrem Wagen gestohlen worden war. Damals hatte sie die Beziehung ganz abgebrochen, und der Hund war nie gefunden worden. Dieses Mal hatte sie sich von ihrem Partner getrennt, weil sie beide in ihren Wertvorstellungen und in ihrem Lebensstil zu unterschiedlich waren, und obwohl Zweifel bestanden, ob die Beziehung weiterbestehen würde, war sie noch nicht tot. Auch der Hund lebte noch. Er hatte eine Rückenverletzung erlitten, lahmte an den Hinterläufen und konnte den Schwanz nicht mehr bewegen. Würde sich sein Zustand nicht bessern, müßte der Hund eingeschläfert werden. Falls das Rückenmark verletzt worden war (und folglich eine vollständige Unterbrechung des Organzusammenhangs bestand), würde der Hund nicht mehr gesund werden, doch falls die Lähmung nur ein vorübergehendes, infolge einer Quetschung entstandenes Symptom war, würde eine Heilung möglich sein. Wie sich herausstellen sollte, überlebten sowohl der Hund als auch die Beziehung. Das Rückenmark war nicht verletzt, und die Trennung war nur eine vorübergehende.

Eine synchronistische Begegnung mit anderen Menschen kann oft mit einem Wachtraum verglichen werden, in dem jemand einer Symbolgestalt begegnet, die Anweisungen erteilt oder einen Konflikt löst. Hin und wieder wird in einem Traum ein Problem symbolisch gelöst, und der betreffende Mensch wacht vielleicht mit einer neuen Einstellung auf, dank der sich die Spannung löst. Genauso kann jemand bei einer synchronistischen Begegnung einen anderen Menschen treffen, der wie ein lebendiges Symbol wirkt: Eine solche Begegnung scheint sich bis in die tieferen Schichten der Psyche auszuwirken und neue Energien hervorzurufen, die dann zu einer entscheidenden Triebkraft im Leben werden.

Eine solche emotional entscheidende synchronistische Begegnung fand beispielsweise im Leben einer berufstätigen Frau statt, die monatelang um eine Entscheidung gerungen hatte. Sie wollte ihren Beruf als Psychotherapeutin aufgeben, weil sie sich ein Kind wünschte und erneut als Künstlerin arbeiten wollte. Doch mit jedem Gedanken an diesen Schritt wuchs ihre Angst. Sie war zwischen den verschiedensten Gefühlen hin und her gerissen und konnte sich einfach nicht entscheiden. Ihrem Wunsch, Mutter zu werden, stand das nicht minder starke Bedürfnis entgegen, von niemandem finanziell abhängig zu sein – nicht einmal von ihrem Ehemann. Dieses Gefühl wurzelte in der wirtschaftlichen Notlage, in die sie und ihre Mutter nach dem frühzeitigen Tod ihres Vaters geraten waren. Damals hatte sie eine vielversprechende Laufbahn als Künstlerin aufgegeben, um einen Beruf zu ergreifen, der ihr größere finanzielle Sicherheit bot.

Doch nun befand sie sich in einer ganz anderen Lage. In letzter Zeit hatte sie wieder ein bißchen gemalt, wodurch ihre alte Liebe zur Malerei erneut entfacht worden war; gleichzeitig fühlte sie sich auch bereit, Mutter zu werden. Sie wußte, das war es, was sie wirklich wollte, doch scheute sie davor zurück, ihre Wünsche in die Tat umzusetzen, weil sie dann ihre Privatpraxis als Therapeutin aufgeben müßte; ein Teil von ihr befürchtete, daß sie dann ihr Berufsleben und ihre Unabhängigkeit für immer verlieren würde. Sie saß in einer Zwickmühle, war hin und her gerissen zwischen ihren Wünschen und der Angst, daß sie ihren Schritt später bereuen könnte.

Manchmal taucht in solchen Situationen ein ›großer‹ Traum auf, der zur Entschärfung des Problems beiträgt, doch in diesem Fall ereignete sich eine synchronistische Begegnung. Die Frau hatte ein eintägiges Symposium besucht und sich zufällig neben eine frühere Kollegin gesetzt, die sie seit sieben oder acht Jahren nicht mehr gesehen hatte. Sie hatten beide früher einmal zusammengearbeitet, dann jedoch verschiedene Berufswege eingeschlagen. Beim gemeinsamen Mittagessen erzählten sie einander, was sie in all den Jahren erlebt hatten. Plötzlich spürte die Frau, während sie der anderen beim Erzählen zuhörte, wie tiefe Freude in ihr aufwallte und sich alles in ihr entspannte; gleichzeitig fühlte sie, daß sie dem lähmenden Konflikt, in dem sie sich befunden hatte, entronnen war.

Ihre Kollegin hatte ihr erzählt, sie habe sechs Jahre lang ihren Beruf nicht ausgeübt, um sich zu Hause um ihr Kind zu kümmern. Sie habe einen großen Garten angelegt, Brot gebacken und ein völlig geruhsames häusliches Leben in einer beinahe ländlichen Umgebung geführt. Zudem habe sie angefangen zu töpfern. Nun sei sie wieder berufstätig und erteile einige Unterrichtsstunden an einem Krankenhaus.

Diese Begegnung hatte dieselbe Wirkung auf die Frau ausgeübt wie ein Symbol: Ihr starkes Verlangen nach einem Kind wurde nun von einem Gefühl des Vertrauens getragen. Sie spürte intuitiv, daß diese Begegnung synchronistischer Natur und äußerst bedeutsam für sie gewesen war. Synchronistische Ereignisse vermitteln einem das Gefühl, Teil eines größeren Ganzen zu sein; synchronistische Begegnungen wie die eben geschilderte können sogar das Gefühl hervorrufen, daß man ja zu seinem Schicksal sagt, indem man die Botschaft, die das Ereignis übermittelt, beachtet. Die Begegnung beeindruckte die Frau derart, daß sie das Symposium noch vor seinem Ende verließ, nach Hause ging, ihre Empfängnisverhütungsmittel fortwarf und den Nachmittag mit ihrem Ehemann im Bett verbrachte.

Einerseits kann eine synchronistische Begegnung eine solche Wirkung haben, sofern wir unverzüglich spüren, daß dabei die symbolische Ebene angerührt wurde, andererseits kann es vorkommen, daß wir uns der Synchronizität einer Begegnung nur allmählich bewußt werden und den Sinn nur mit der Zeit erfassen. In diesem Zusammenhang erinnere ich mich an das Erlebnis eines Anwalts, der berufliche Schwierigkeiten hatte. In seinem Fall erstreckte sich die synchronistische Begegnung über Monate hinweg und äußerte sich in einem unerwünschten, langwierigen Kampf mit einem anderen Anwalt, der seinen Schatten, das heißt seinen inneren, negativen, selbstzerstörerischen Aspekt, seine dunkle Seite verkörperte.

Der Anwalt erzählte mir, er sei seiner Tätigkeit bei einer großen Firma überdrüssig geworden, da er nur noch Routinearbeit erledigen müsse, die ihn nicht herausfordere und die für die Zukunft, außer noch größerer Eintönigkeit, nichts verspreche. Er hatte an einer der bekanntesten juristischen Fakultäten der Vereinigten Staaten studiert und einen ausgezeichneten Ruf genossen. Nachdem er die Doktorwürde erlangt hatte, wurde ihm eine Stelle in einer bedeutenden Anwaltspraxis angeboten, die er dann auch annahm. Bei den Gerichtsverhandlungen konnte er weiterhin seine Brillanz unter Beweis stellen und hatte mehrere Prozesse, bei denen die Gegenpartei durch erfahrene und hervorragende Anwälte vertreten gewesen war, für sich entscheiden können. Nach einer Weile gab er seine Stelle in der Anwaltspraxis auf und ging verschiedenen Tätigkeiten nach, bis er zu jener Gesellschaft stieß, in der er nun arbeitete. Er empfand sich als Versager, der es zu nichts gebracht habe, und hatte weder von seiner Tätigkeit noch von der Art und Weise, wie er sie verrichtete, eine sonderlich hohe Meinung. Überdies litt er an Depressionen und war oft gereizt; er merkte, daß er seine Frustrationen an der Familie ausließ: Wenn er nach Hause kam, war er mürrisch, empfindlich und unausstehlich.

Am Arbeitsplatz verstellte er sich – er machte einen geschäftigen Eindruck, dabei saß er seine Stunden im Büro nur ab. Er stellte sich in Gedanken vor, er befinde sich an einem ganz anderen Ort, wo er eine wesentlich interessantere und verantwortungsvollere Arbeit verrichte, die von den anderen geschätzt werde; doch die Routine quälte ihn, und seine Selbstverachtung wuchs.

Mit der Zeit erkannte er, daß er einen wichtigen Teil seiner selbst ignorierte, nämlich sein Bedürfnis nach außerordentlichen Leistungen. Trotz dieses Bedürfnisses und seiner beachtlichen Fähigkeiten war ihm der Erfolg verwehrt geblieben. Als er nach einer Erklärung für dieses Phänomen suchte, entdeckte er in sich starke selbstzerstörerische Tendenzen, wodurch seine Leistungen immer wieder abgewertet und unterminiert wurden. Dies war ein Schattenaspekt seiner Psyche, eine zynische und unreife Einstellung zu seiner Arbeit und seinen Leistungen, mit der er jegliches Erfolgserlebnis sabotierte und vereitelte.

Nachdem er erkannt hatte, wo seine Prioritäten lagen, handelte er rasch und entschlossen. Er kündigte seine Stelle und wurde geschäftsführender Teilhaber einer kleinen Anwaltspraxis, die ums Überleben kämpfte und die er aufgrund seiner Fähigkeiten als Prozeßbevollmächtigter vielleicht zum Erfolg führen könnte. Dabei war ihm bewußt, daß er mit seiner negativen Haltung seinen künftigen Erfolg aufs Spiel setzen könnte. Er wußte, er würde scheitern, falls er sich nicht mit seiner Tendenz, seine Leistungen abzuwerten, und seinem Bedürfnis, sich vor der Verantwortung zu drücken, in den Tag hinein zu träumen und Ausflüchte zu suchen, auseinandersetzen und sie überwinden würde.

Als er spürte, daß er bereit war, seine selbstzerstörerischen Neigungen zu konfrontieren, begegnete er auf unerwartete und synchronistische Weise in der neuen Anwaltspraxis in einem Teilhaber, der ebenfalls Anwalt war, der Verkörperung all seiner negativen Charakterzüge. Auf den ersten Blick wirkte er charmant, intelligent und liebenswürdig. Obwohl er einen sehr geschäftigen Eindruck erweckte, stellte sich heraus, daß er unproduktiv war und nicht einmal so viel leistete, daß er seinen Lohn einbrachte. Er litt an Depressionen, schob die Arbeit immer wieder auf und machte dann Ausflüchte. Mein Patient stellte fest, daß er sich wie besessen auf diesen offenkundig problematischen Mitarbeiter konzentrierte, weil er das Gefühl hatte, er ruiniere die Firma. Dann wurde ihm klar, daß sein übermäßiges Interesse an diesem Mann entstanden war, weil jener ein lebendiges, atmendes, gehendes und sprechendes Symbol seiner eigenen inneren Negativität war, dem er täglich im Büro begegnete. Vielleicht ereignete sich diese sich täglich wiederholende Synchronizität anstelle von nächtlichen Träumen, in denen mein Patient unter Umständen mit einem bedrohlichen Schattenaspekt seiner selbst gekämpft hätte.

Der Kampf, den mein Patient führte, um diesem Arbeitskollegen entgegentreten zu können, entsprach seinem inneren Kampf, seinen Bemühungen, die Sabotagetendenzen seines Schattens zu überwinden. Schließlich heckte er einen Plan aus, wie er diesen Mann im Büro loswerden könnte: Er würde ihm allmählich immer weniger Arbeit übertragen – ein Vorgehen, das darauf beruht, daß man sich seiner negativen Aspekte bewußt geworden ist und ihnen dann immer weniger Energie zufließen läßt, bis sie schließlich verschwinden. Erneut ereignete sich eine Synchronizität, denn als der Mann seine Stelle kündigte, hatte mein Patient seine unreife Haltung der Negativität überwunden. Er war nun voll in seinem Beruf engagiert, entschlossen, die Firma aufzubauen, arbeitete effizient und übernahm Verantwortung.

Sowohl synchronistische Begegnungen, die wir unmittelbar als bedeutsam erachten und deren Sinn wir intuitiv in einem Augenblick erfassen, als auch synchronistische Situationen, die sich wie im vorangehenden Beispiel langsamer entwickeln und in denen wir nur allmählich zu einer Einsicht und zur Lösung des Problems gelangen, weisen eine ziemlich große Ähnlichkeit mit der Traumdeutung in der Analyse auf. Da sowohl Träume als auch die Synchronizität mit dem kollektiven Unbewußten verbunden sind, ist es nicht verwunderlich, daß die Arbeit mit Träumen und die Arbeit mit der Synchronizität miteinander verwandt sind.

Hin und wieder hat jemand einen höchst emotionsgeladenen Traum, dessen Bedeutung unmittelbar klar ist und der eine entscheidende Handlung auslöst. Es kommt jedoch häufiger vor, daß ein Träumer wiederholt mit denselben Problemen konfrontiert wird, die Traumereignisse nur allmählich versteht und erst eine Einsicht in die Art seines Konflikts gewinnen muß, bevor eine Veränderung eintritt. Unangenehme und sich wiederholende Trauminhalte tauchen normalerweise so lange auf, bis der innere oder der äußere Konflikt bewältigt ist. Den synchronistischen Ereignissen liegt dasselbe Muster zugrunde.

So hatte beispielsweise eine Frau drei Autounfälle hintereinander – als hätte sie schreckliche und sich wiederholende Wachträume gehabt. Seit sie Auto fuhr, hatte sie sich noch nie etwas zuschulden kommen lassen; obwohl sie an allen drei Unfällen offensichtlich schuldlos war, hörte sie sich dem Versicherungsangestellten sagen: »Schon wieder ich!« Beim ersten Unfall befand sie sich in der mittleren Fahrspur, hielt an und wartete auf grünes Licht, als sie ein lautes Quietschen und das Geräusch von Bremsen hörte. Die Straße war vom ersten Regen nach langer Zeit glitschig; eine andere Fahrerin hatte zu spät abgebremst und war auf sie aufgefahren. Beim zweiten Unfall fuhr sie wiederum in der mittleren Spur, und zwar mit derselben Geschwindigkeit wie alle anderen, als eine andere Fahrzeuglenkerin plötzlich die Spur wechselte und in sie hineinprallte (aus Unachtsamkeit oder wegen eines toten Winkels). Beim dritten Unfall hatte sie genau wie beim ersten vor einem Rotlicht auf der mittleren Spur gehalten, als sich erneut ein Auffahrunfall ereignete und ihr Wagen durch den Aufprall auf die Kreuzung geschleudert wurde. Dieses Mal hatten die Bremsen des Wagens einer jungen Frau versagt, wodurch dieser sie von hinten gerammt hatte; da der Benzintank zerborsten war, stellte dies eine potentiell explosive Situation dar.

Welchen Reim sollte die Frau sich auf diese Ereignisse machen? Keine Kausalität der Welt würde diese Serie von Unfällen erklären können. War es reiner Zufall, Unglück oder Synchronizität?

Der erste Unfall schien eine Metapher für etwas zu sein, das der Frau zu jener Zeit große Sorgen bereitete: Eine Mitarbeiterin hatte vor kurzem einen emotionalen Zusammenstoß provoziert, und der Zwischenfall hatte sie sehr erschüttert (möglicherweise war die Situation dadurch entstanden, daß sich beide in ihren Emotionen nicht früh genug hatten bremsen können). Die Frau hatte die Möglichkeit, daß beim zweiten Unfall die Synchronizität mit im Spiel gewesen sein könnte, zwar in Betracht gezogen, dann jedoch verworfen. Doch der dritte Unfall überzeugte sie restlos: Am Tag, als sich jener Unfall ereignete (bei dem eine Frau in sie hineinfuhr, weil die Bremsen ihres Wagens versagt hatten), funktionierten auch die Bremsen des Wagens ihrer Mitarbeiterin nicht. Nun war es wirklich an der Zeit, die Unfälle als synchronistische Ereignisse, die gleichsam ihre Situation kommentierten, zu akzeptieren. Die Unfälle waren wie eine Reihe von Träumen, die dasselbe Thema in verschiedenen Variationen so lange wiederholten, bis die Frau die Botschaft begriff und zur Kenntnis nahm, daß die Beziehung sich für beide Frauen negativ auswirkte. Es hatte keinen Sinn, die Freundschaft länger aufrechterhalten zu wollen.

Das zeitliche Zusammenfallen solcher Ereignisse sowie ihre symbolische Qualität überzeugen die Menschen von der Synchronizität. Dabei besteht eine Koinzidenz zwischen einer psychologischen Situation und einem Unfall, einer Begegnung oder einem Ereignis, und die äußere Situation ist eine symbolische Darstellung des psychischen Problems oder Konflikts. Mir scheint, die Synchronizität sei ein häufig auftretendes Phänomen; doch solange ein Mensch seine psychische Situation nicht genügend erkannt hat, sagt ihm die symbolische Koinzidenz nicht sehr viel. Sie übt genau wie Träume, die er nicht beachtet, keine große Wirkung auf ihn aus.

Hin und wieder erzeugen ein Traum und ein äußeres Ereignis zusammen Schwingungen, die die Synchronizität auslösen. So träumte beispielsweise ein Psychiater, daß er seinen japanischen Ahorn sorgfältig beschnitt. Der Träumer, ein vielseitig begabter Mann, der bei mir in Analyse war, faßte dies als eine Metapher für das auf, was er im wirklichen Leben tun sollte. Er hatte seine Energien mit zu vielen verschiedenen Tätigkeiten verzettelt, die ihn von seiner Lebensaufgabe abhielten. Am japanischen Ahorn, einem Symbol für sein Selbst, das er im Laufe der Analyse bei mir kennengelernt hatte, mußten die schwächeren Triebe zurückgeschnitten werden, damit der

Stamm wachsen und erstarken würde. Als er am nächsten Wochenende tatsächlich seinen Ahorn stutzte und beschnitt, wobei er sich der symbolischen Bedeutung dieser Aufgabe bewußt war, befiel ihn ein Schauder, und ein Gefühl der Numinosität, der Ehrfurcht, der mystischen Bewußtheit und der Freude erfüllte ihn. Dies war eine durch Synchronizität ausgelöste Tao-Erfahrung, da ein Traum, den er im Schlaf erlebt hatte, und ein Wachtraum in ihrer Bedeutung koinzidierten.

Wenn wir unseren Träumen Aufmerksamkeit schenken, erfahren wir eine zusätzliche Dimension, die unser Innenleben bereichert und unser Bewußtsein um eine Facette erweitert; dasselbe trifft auf die Synchronizität zu. Zum Verständnis unserer selbst und unserer Lage ist es weitaus besser, wenn wir nicht nur logische, sondern auch symbolische Informationen aufnehmen und verarbeiten können. Da die Denkvorgänge und die Wahrnehmungen unserer fünf Sinne in der einen Hirnhälfte verarbeitet werden, und die symbolischen, intuitiven Funktionen in der anderen Hemisphäre lokalisiert zu sein scheinen, können wir das ganze Bild erfassen, sofern wir nicht nur die logischen, sondern auch die symbolischen Informationen berücksichtigen. Die Art und Weise, wie wir eine Situation wahrnehmen, sowie die Entscheidung, wie wir uns angesichts dieser Situation verhalten oder wie wir handeln sollen, gründen dann sowohl auf intuitivem Wissen und Fühlen als auch auf rationalen Erwägungen.

Da die Synchronizität den Träumen in solch vielfältiger Weise ähnlich ist, erstaunt es uns keineswegs, daß die Warnung, sich davon nicht allzusehr fesseln oder in Bann ziehen zu lassen, auch für die Synchronizität gilt. Konzentrieren wir uns nämlich ausschließlich auf Träume oder synchronistische Ereignisse, so entsteht eine potentielle Einseitigkeit, die eine Absage an das logische Denken und an die Realitätskontrolle zur Folge hat. Wenn wir auf diese Weise den Bezug zur Wirklichkeit verlieren, werden wir von magischem Denken beherrscht und fangen an, nach Omen Ausschau zu halten, die dann unsere Handlungen bestimmen. Mit einem solch einseitigen Verhalten bringen wir uns um einen Teil aller uns zur Verfügung stehenden Informationen.

Verlassen wir uns hingegen nur auf das lineare Denken und die Wahrnehmungen, die wir mit den fünf Sinnen (Sehen, Hören, Riechen, Tastsinn, Schmecken) machen, so ist ebenfalls eine psychische Verarmung die Folge. Ein solches Verhalten kann dazu führen, daß unser Leben bar jeglicher Gefühlswerte ist und ihm die Dimensionen der Phantasie und der Spiritualität abgehen. Wir sind auf unsere Intuition, unsere Gefühle und Emotionen angewiesen, um Musik, Kunst und symbolische Erfahrungen schätzen zu können. Die Synchronizität regt uns, genau wie die Träume, dazu an, uns auf die symbolische Ebene einzulassen, wo wir einen allem zugrundeliegenden Sinn erahnen, wo wir das kollektive Unbewußte mit der ganzen Menschheit teilen, wo Zeit und Raum relativ werden und wo wir mitten im Alltagsleben eine nicht alltägliche Wirklichkeit erfahren.

Die Synchronizität ist wie ein Wachtraum, in dem wir die Schnittstelle von Zeitlosigkeit und Zeit erfahren, wo die undenkbare Vereinigung der Sphären des Seins tatsächlich stattfindet und wo das, was in uns, und das, was außerhalb von uns ist, untrennbar ist. Wie ein Traum enthüllt auch die Synchronizität etwas, das wir dunkel erfassen – eine Ahnung des allem zugrundeliegenden Tao.

KAPITEL 5

Bedeutsame Begegnungen und die Synchronizität als Vermittlerin

*Zufällige Begegnungen, die zu bedeutsamen Beziehungen führen * Die Synchronizität als Vermittlerin * Innen Archetypen, außen Menschen*

Die Synchronizität kann den Weg ebnen, damit Menschen zueinanderfinden. Werden die Umstände, aufgrund deren zwei Menschen eine *bedeutsame* Beziehung anknüpfen, aufgedeckt, dann kann die feine unsichtbare Hand des Schicksals, die Synchronizität oder das allem zugrundeliegende Tao - oder wie wir die Vermittlerin auch immer nennen mögen - wahrgenommen werden. Entspricht eine durch einen scheinbaren Zufall entstandene Begegnung einer innerpsychischen Situation, so handelt es sich um ein bedeutsames Zusammentreffen, bei dem die Synchronizität augenfällig ist. Dies habe ich sowohl in meinem beruflichen als auch in meinem privaten Leben erfahren.

Kurz bevor ich meinen Ehemann traf, spürte ich zum Beispiel, daß eine bestimmte Phase in meinem Leben zu Ende ging und die Zeit gekommen war, um einen Schritt in eine neue Richtung zu tun. Aufgrund dieses inneren Zustands entschloß ich mich, umzuziehen. Ich traf Vorbereitungen, um San Francisco zu verlassen und nach New York zu ziehen, wo ich mein letztes Jahr als Assistenzärztin der Psychiatrie absolvieren würde, bevor ich ein Nachdiplomstudienjahr in London einschalten wollte. Unmittelbar vor dem Umzug veränderte eine zufällige Begegnung mein weiteres Leben.

Thanksgiving (Erntedankfest) rückte heran, und ich beschloß, die Feiertage in Los Angeles zu verbringen. Eine meiner Wohngenossinnen, Elaine Fedors, hatte im Sinn, in unserer Wohnung in Sausalito bei San Francisco eine Thanksgiving-Party zu geben. Diese Party war die Idee von Dick Rawson gewesen, einem Assistenzarzt für Psychiatrie, der Elaine mit einem seiner Freunde bekannt machen wollte. Zwei Tage vor Thanksgiving erfuhr ich, daß ich am Freitag in der Klinik in San Francisco arbeiten müsse, was mir das Wochenende in Los Angeles verunmöglichte. Mir war ein Strich durch die Rechnung gemacht worden, doch würde ich wenigstens an der Party in Sausalito teilnehmen können. Die Folge war, daß ich James Bolen kennenlernte, den ich sechs Monate später heiratete. Zufälligerweise hatte auch Jim Thanksgiving bei Verwandten in der Umgebung von Los Angeles verbringen wollen, jedoch wegen einer dringenden Arbeit unerwarteterweise in San Francisco bleiben müssen. Da seine Pläne für Thanksgiving durchkreuzt worden waren, rief Jim Dick an und fragte ihn, ob die einige Wochen früher ausgesprochene Einladung zur Party, die er damals abgelehnt hatte, immer noch gültig sei. Dies war der Fall, und auf diese Weise trat Jim in mein Leben.

Dick und Jim waren zuvor etwa zwölf Jahre gemeinsam bei der amerikanischen Luftwaffe gewesen. Nach all diesen Jahren hatten sich ihre Wege vor kurzem zum erstenmal wieder gekreuzt. Mittlerweile hatte Jim seinen Beruf als Ingenieur aufgegeben und sich dem Journalismus und den Public Relations zugewandt, weshalb er von Iowa nach Südkalifornien und dann in die San-Francisco-Bucht umgezogen war. Dick war von Berkeley aus an die medizinische Fakultät nach Los Angeles und dann nach

Philadelphia gegangen, bevor er nach San Francisco zurückkehrte.

Damit es überhaupt zu einer Begegnung zwischen Jim und mir kommen konnte, mußte sich eine Serie komplexer Koinzidenzen ereignen. Bis wir gemeinsam diese bedeutsame Wegkreuzung erreichten, war eine Reihe von Umwegen und anderen Beziehungen nötig gewesen, damit unsere innere Bereitschaft für eine solche Begegnung heranreifen konnte, die in eine Liebesbeziehung und baldige Heirat mündete. Diese Begegnung veränderte unser beider Leben, und unsere Wege verschmolzen von da an.

Die Frage, ob bei unserer Beziehung die Synchronizität am Werk gewesen war oder ob sich alles einfach so ergeben hatte, kann unmöglich beantwortet werden. Rückblickend scheint mir der Zeitpunkt unserer Begegnung von Bedeutung zu sein, da ich einem bestimmten Lebensabschnitt, der lange gedauert hatte, entwachsen war, eine langwierige, konfliktreiche Beziehung beendet hatte und nun für die Begegnung mit einem *erwachsenen* Mann bereit war. Ein äußeres, auf synchronistische Weise arrangiertes Ereignis fiel mit meiner inneren Wandlung und mit einer ähnlichen inneren Situation von Jim eng zusammen.

Wenn sich zwei Menschen auf synchronistische Art begegnen, ist jeder für den anderen bedeutsam; sind beide in ihrem Leben an einem Wendepunkt angelangt und bereit, sich von etwas oder jemandem stark berühren zu lassen, so können tiefgreifende Veränderungen eintreten. Jung drückt dies folgendermaßen aus: »Das Zusammentreffen von zwei Persönlichkeiten ist wie die Mischung zweier verschiedener chemischer Körper: tritt eine Verbindung überhaupt ein, so sind beide gewandelt.«[1] Es kommt immer wieder vor, daß Menschen zu einem gewissen Zeitpunkt für die besondere ›chemische‹ Wirkung eines anderen außerordentlich empfänglich sind.

Denken Sie über Ihre eigenen bedeutsamen Begegnungen nach – jene, die zu intensiven, wichtigen Beziehungen, zu einer neuen Karriere oder zu intellektuellem, psychischem oder spirituellem Wachstum führten. Rufen Sie sich die Menschen in Erinnerung, denen Sie begegnet sind und die Ihr Leben auf die eine oder andere Weise tiefgreifend verändert haben. Vergegenwärtigen Sie sich sodann die Umstände, unter denen die erste Begegnung mit diesen Menschen stattfand. Ereignete sich eine solche Begegnung, vom innerpsychischen Standpunkt aus betrachtet, zu einem relevanten Zeitpunkt? Wären Sie kurz zuvor unempfänglich oder nicht interessiert gewesen? Verspürten Sie eine neue Offenheit oder Empfänglichkeit, die mit diesem neuen Menschen im Einklang stand? Könnte die Synchronizität die Vermittlerin gewesen sein? So zum Beispiel ist es schon zu bedeutsamen Begegnungen gekommen, weil zwei Autos zufälligerweise miteinander kollidierten, weil jemand sich in einer Stadt im Ausland verirrte und unverhofft auf eine Landsmännin oder einen Landsmann stieß oder weil jemand im Flugzeug neben einen bestimmten Menschen zu sitzen kam – alles offenkundig unbeabsichtigte, ungeplante Begegnungen, die das subtile Werk der Synchronizität sind. Wenn das innere Timing und das äußere Ereignis aufs genaueste übereinstimmen, wenn eine Begegnung eigentümlich auf uns zugeschnitten zu sein scheint und unmöglich mit Absicht arrangiert worden sein kann, dann war wahrscheinlich die Synchronizität als Vermittlerin am Werk.

Mir scheint, als würden sich in meinem Berufsleben viele synchronistische Begegnungen ereignen. Sie sind vielleicht offenkundiger, da der Weg, auf dem ein Mensch zu mir (oder zu irgendeinem Therapeuten) kommt, entlang eines Zickzackkurses, der möglicherweise voller Koinzidenzen war, zurückverfolgt werden kann. Vielleicht ist es auch die Synchronizität, die bewirkt, daß ich genau im richtigen Augenblick für einen bestimmten Menschen Zeit habe. Hat ein neuer Patient das Gefühl, es seien verschiedene außergewöhnliche synchronistische Umstände gewesen, die ihn zu mir geführt hätten, oder unserer Begegnung läge etwas ganz Besonderes oder eine geheimnisvolle Absicht zugrunde, so kann ihn dies tief berühren. Wird dieses Gefühl noch durch die hohen Erwartungen und die Bedürfnisse genährt, die einen Menschen beherrschen, wenn er zum erstenmal einen Psychiater aufsucht, so tragen all diese Elemente dazu bei, daß eine intensive therapeutische Situation entsteht, in der Bilder und Gefühle leicht zugänglich sind.

Eine ganz besonders wunderliche Begegnung in meinem Berufsleben ereignete sich, als die Synchronizität einen Priester der Episkopalkirche in meine Praxis führte. Ich war die Analytikerin eines seiner Freunde und die einzige Psychiaterin, von der er schon gehört hatte – oberflächlich betrachtet ein recht plausibler Grund dafür, daß er gerade mich aufsuchte. Diesem Mann fiel es sehr schwer, Frauen sein Vertrauen zu schenken, und er hatte sich so lange gesträubt, mich anzurufen, bis seine Lage so verzweifelt geworden war, daß er seine Vorbehalte schließlich überwinden mußte. Die Vorstellung, nicht einen Psychiater, sondern eine Psychiaterin aufzusuchen, bereitete ihm Unbehagen. Da ich ihm nur als Dr. Jean Bolen bekannt war und er aufgrund meines Namens annahm, ich komme aus dem Kaukasus, saß er im Wartezimmer und hatte das Gefühl, einen fürchterlichen Fehler begangen zu haben. Dann kam ich die Treppe hinunter, und er sah sich unerwarteterweise einer kleinen japanisch-amerikanischen Frau gegenüber, was die Situation beträchtlich veränderte.

Das einzig positive Frauenbild, das er dank der idealisierenden Geschichte eines Onkels hatte, der als amerikanischer Besatzungssoldat in Japan gewesen war, war das einer japanischen Frau. Ansonsten hielt er die Frauen für gezierte, manipulative, feindselige Wesen, die auf Macht aus waren und nur darauf warteten, daß sich jemand eine Blöße gab, um dann ihre Kritik anzubringen. Einzig diese Japanerin, die er zwar nicht persönlich kannte, aber von der ihm sein Onkel erzählt hatte, milderte dieses extrem negative Frauenbild etwas, weil sie den Gedanken verkörperte, daß eine Frau keineswegs bedrohlich sein muß und sogar fürsorglich, mitfühlend und hilfsbereit sein kann.

Natürlich war er, als er mir gegenüberstand, angesichts dieser unerwarteten Wende sehr erleichtert, da ich in seinen Augen jemand war, mit dem er doch würde zusammenarbeiten können. Später, als die Synchronizität der ganzen Begebenheit noch deutlicher wurde, wandelte sich seine anfängliche Erleichterung in Verwunderung. Er hatte sich nämlich (wenn auch unbewußt) von allen zur Verfügung stehenden Therapieformen die Jungsche ausgesucht, die denn auch seinem Bedürfnis, sich sowohl mit seiner geistlichen Berufung als auch mit seinen kreativen Neigungen – dem Schreiben – auseinanderzusetzen, am meisten entgegenkam. Und nun hatte er das Gefühl, eine Frau, Japanerin, Jungsche Psychiaterin, sei genau das, was er brauche. In diesem Fall mußte die Synchronizität, durch die unsere Begegnung zustande gekommen war, äußerst subtil eingegriffen haben, da ich die einzige japanische Jungsche Analytikerin weit und breit war.

Eine andere erste Begegnung, die im Zeichen der Synchronizität stand, führte dazu, daß ich eine Künstlerin analysierte, was für mich von großer Bedeutung sein sollte. Jemand hatte sie einige Monate zuvor auf mich aufmerksam gemacht, doch da ihr mein Name rein gar nichts sagte, rief sie mich nicht an, um eine Konsultation zu vereinbaren, behielt jedoch den Zettel mit meinem Namen darauf. Einige Zeit später wurde sie von ihrer Mutter, die in Südkalifornien lebte, gebeten, sich nach dem Magazin *Psychic* umzusehen, das in San Francisco herausgegeben wurde. Als sie eine Freundin besuchte, erspähte sie die Zeitschrift auf deren Salontisch – eine zerfledderte und beinahe ein Jahr alte Ausgabe. Da sie wissen wollte, weshalb sich ihre Mutter für dieses Magazin interessierte, blätterte sie es durch und stieß auf den einzigen Artikel, den ich in den sechs Jahren, in denen *Psychic* nun bereits erschienen war, für das Magazin verfaßt hatte; es handelte sich um einen Text über Dr. Carl Simontons Einsatz von Psychotherapie und Meditation bei der Behandlung von Krebs, dem ein Foto sowie eine Kurzbiographie von mir beigefügt waren. Diese unerwartete Begegnung mit mir in diesem Magazin veranlaßte die Frau, mich am folgenden Tag anzurufen – ich hatte gerade eine Lücke in meinem Terminkalender. Hätte sie damals, als ihr jemand meinen Namen aufschrieb, mit mir telefoniert, hätte ich sie vermutlich an einen anderen Therapeuten verwiesen, da es mir eine Weile nicht möglich gewesen war, neue Patienten anzunehmen.

Sowohl der Priester als auch die Künstlerin hielten ihre Begegnung mit mir für eine bedeutsame Koinzidenz. Beide hatten das Gefühl, unsere Zusammenarbeit sei aufgrund ganz besonderer Umstände in die Wege geleitet worden, was sie in der Überzeugung bestärkte, unsere Arbeit würde von Anbeginn an bedeutsam sein. Die Synchronizität vermittelte ihnen ein Gefühl von Vorherbestimmtheit. Ich brauchte viel länger, um zu erkennen, daß diese Begegnungen auch für mich und mein persönliches Wachstum von besonderer Bedeutung sein sollten.

Aus meiner Arbeit mit dem Priester entstand schließlich jene Fallgeschichte, die ich in allen Einzelheiten niederschrieb und der Auswahlkommission als Teil meiner letzten ›Initiation‹ vorlegte, um das Diplom als Jungsche

Analytikerin zu erwerben. Seine Analyse war reich an synchronistischen Ereignissen und beeinflußte mein Denken stark in dieser Richtung. Daß ich dieses Buch über Synchronizität geschrieben habe, ist zum Teil ebenfalls der Analyse dieses Priesters zuzuschreiben.

Die Künstlerin, die das Gefühl hatte, das Schicksal habe seine Hände im Spiel gehabt und sie zu mir geführt, übte insofern eine tiefgreifende Wirkung auf mich aus, als ich durch sie dem Wesen der Analyse näherkam. Als ich mitten in ihrer Analyse unerwarteterweise feststellen mußte, daß mein eigener Weg nicht mehr klar vor mir lag, gelangte ich zu einem tieferen Verständnis der Alchimie als einer Metapher für den analytischen Prozeß und begriff, weshalb Jung sich so sehr in dieses Thema vertieft hatte *(Psychologie und Alchimie; Psychologie der Übertragung* in *Praxis der Psychotherapie,* wo er eine alchimistische Abhandlung zur Erläuterung heranzog, und *Mysterium Coniunctionis).* Im Laufe dieser Analyse kam es mir plötzlich vor, als befänden wir uns zusammen in einem Labyrinth, in einem dunklen Irrgarten. In der Mythologie findet Theseus, als er sich ins Labyrinth begibt, dank dem goldenen Faden der Ariadne wieder heraus. Für mich, von der bei jeder neuen Windung und Biegung im psychologischen Irrgarten eine bestimmte Handlung oder Interpretation verlangt wurde, schien die Intuition der goldene Faden zu sein, dem ich vertrauen mußte, um aus dem Irrgarten wieder herauszufinden. Ich mußte mich auf ein tieferes als das während der Ausbildung und der klinischen Praktika erworbene Wissen verlassen, und dank dieser Erfahrung wurde ich bescheidener und lernte, der Führung durch Träume und synchronistische Ereignisse zu vertrauen.

Da in einer Analyse eine sehr intensive zwischenmenschliche Begegnung stattfindet, wird nicht nur der Patient von diesem Prozeß berührt, sondern auch der

Therapeut kann die verwandelnde Kraft der therapeutischen Beziehung erfahren. Aus diesem Grund fand Jung, der analytische Prozeß sei mit einer alchimistischen Reaktion vergleichbar: Damit ein Element (der Patient) durch den Prozeß verändert werden kann, muß auch das andere (der Analytiker) berührt werden. Als Analytikerin habe ich das Gefühl, daß jeder Patient, der über meine Türschwelle tritt, sowohl eine Notwendigkeit als auch eine Gelegenheit für mich verkörpert, mich auf die Begegnung mit Aspekten meiner selbst einzulassen. Was es auch immer ist, dessen ich mir bewußt werden muß, was auch immer eine Achillesferse sein könnte, was auch immer in mir wachsen möchte, scheint auf synchronistische Weise in meiner Praxis aufzutauchen. Seit ich mir dieses Sachverhalts bewußt geworden bin, frage ich mich jedesmal, wenn die Synchronizität ihre Hand im Spiel zu haben scheint und jemanden zu mir führt, ob diese Begegnung nicht nur für den Patienten, sondern auch für mich von besonderer Bedeutung sein wird.

Alle Menschen, deren Beruf darin besteht, anderen zu helfen oder andere zu unterrichten, tun gut daran, die Möglichkeit der Synchronizität im Hinterkopf zu behalten. Diese Vermittlerin führt sie vermutlich immer wieder mit einem für sie bedeutsamen Menschen zusammen, wodurch beiden die Möglichkeit des seelischen Wachstums geboten wird oder aber intensive und unangenehme Gefühle aufkommen können. Bei allen synchronistischen Begegnungen wird in einem oder in beiden Menschen ein wichtiger psychischer Aspekt aktiviert, wodurch die Situation mit intensiven Gefühlen aufgeladen wird. Anziehung, Abneigung oder Faszination ist unweigerlich mit im Spiel, wenn sich zwei Menschen auf synchronistische Weise begegnen, denn die Begegnung bewirkt, daß ein Bild oder Archetypus, der diese Spannung versinnbildlicht, aus den Tiefen der

Psyche aufsteigt und zum Leben erweckt wird. Es ist natürlich, daß wir alle mit intensiven Gefühlen auf archetypische Bilder reagieren.

Wir alle haben diese machtvollen Bilder in uns, die vielfältiger sind als jene, die uns unsere Eltern vermittelt haben; diese Bilder wurzeln im kollektiven Unbewußten, zu dem wir alle Zugang haben. Als der römische Dichter Terenz sagte: »Nichts Menschliches ist mir fremd«, sprach er als Mensch, der mit dem kollektiven Unbewußten und seinen unzähligen Archetypen, die allen Menschen gemein sind, in Fühlung war.

Die archetypischen Bilder sind zahlreich und mannigfaltig – beispielsweise der Patriarch oder Vater (Jahve, Zeus), der Held (Herkules, und für gewisse Menschen John F. Kennedy), die Mutter Erde (Demeter und vielleicht Golda Meir), das schöne Weibliche (Helena und Aphrodite) oder Christus (Osiris), um nur einige zu nennen. Die alten griechischen Götter und Göttinnen leben zwar nicht mehr auf dem Olymp, doch sind sie, bei welchem Namen wir sie auch nennen mögen, in unserem kollektiven Unbewußten immer noch lebendig.

Wird diese archetypische Schicht durch eine psychologische Situation aktiviert, die einen bestimmten Archetypen berührt oder evoziert, dann werden intensive Gefühle ausgelöst. Wird zum Beispiel der Christus-Archetyp heraufbeschworen, so sind unterschiedliche Gefühlsreaktionen möglich, je nachdem, wie diese Mischung von Gefühl und Bild erlebt wird. Wird sie durch einen charismatischen religiösen Führer evoziert, dann wird möglicherweise der Archetyp auf ihn projiziert, was die Menschen veranlaßt, ihn hingebungsvoll anzubeten (als wäre er Christus). Der Archetypus kann auch innerlich erfahren werden – für den einen Menschen äußert er sich in der starken Überzeugung, daß Christus in ihm lebt, während ein anderer vom Archetypus besessen ist oder sich völlig mit ihm identifiziert und deshalb der Welt verkündet: ›Ich bin Christus.‹

Wenn wir uns Hals über Kopf verlieben, so hat der geliebte Mensch uns einen ›Aufhänger‹ für die archetypische Projektion geliefert. Oft ist der Aufhänger eine ästhetische Eigenschaft, ein bestimmtes körperliches Merkmal oder ein Wesenszug. Angesichts der Intensität der Verehrung kann sich ein Freund verwundert fragen: ›Was sieht er bloß in ihr?‹ Er ist sich bewußt, daß sein Freund etwas sieht, dessen er nicht gewahr wird. Was gesehen wird, ist ein archetypisches Bild, das eine Projektion ist – mit anderen Worten: Die Schönheit liegt im Archetyp des Betrachters.

Auch negativen Projektionen eignen diese übersteigerten Merkmale. Ein kritischer, mürrischer Vorgesetzter kann die Dimensionen des rachsüchtigen alttestamentarischen Jahve annehmen; eine selbstsüchtige, aufdringliche ältere Frau kann als verschlingendes Wesen betrachtet werden, als ein Aspekt von Kali, der indischen Göttin der Fortpflanzung und der Zerstörung, der besänftigt und gefürchtet werden muß. Löst ein Mensch bei einem anderen eine starke Emotion aus, wie zum Beispiel Verliebtheit, Angst oder übertriebene Wut, so kann irgendein Aspekt seines Wesens, irgendein charakteristisches Merkmal den Aufhänger für ein archetypisches Bild geliefert haben. Der andere reagiert dann emotional auf ihn, als wäre er identisch mit dem evozierten Bild. Wir alle kennen dieses Phänomen; später, wenn wir nach unserer emotionalen Reaktion auf den Archetypen die wirklichen menschlichen Dimensionen wieder erkennen können, wird uns meistens klar, daß wir zu heftig reagiert haben, daß der oder die Angebetete auch nicht perfekt ist oder daß wir wie verzaubert waren.

Was außerhalb von mir ist, ist in mir: Jedesmal, wenn sich ein Mensch wie magisch zu jemandem hingezogen fühlt, der für ihn als Träger eines positiven Archetypen fungiert oder wenn er jemanden übermäßig verurteilt, weil er ihn als völlig negativ empfindet, ist mit großer Wahrscheinlichkeit ein Archetypus in seinem Umfeld aktiviert worden. Folglich ist das, was als ›außen‹ erfahren wird, in Wirklichkeit eine innere Situation. Erinnern wir uns an meine synchronistische Begegnung mit dem Priester: Aufgrund seiner bewußten Erfahrung konnte er sich nicht vorstellen, daß eine Frau vertrauenswürdig und fürsorglich sein könnte. Auf der archetypischen Ebene existierte jedoch potentiell eine positive, stützende Frauengestalt, die er als Japanerin sah. Als er mir begegnete und ich für ihn diesen Archetypus verkörperte, projizierte er dieses positive archetypische Bild in seiner Gesamtheit auf mich. Die Erleichterung, die er unverzüglich empfand, war nicht eine Reaktion auf mich, sondern entsprach seinen Gefühlen gegenüber diesem Bild. Das Vertrauen, das er zu jenem Zeitpunkt hatte, wurzelte nicht darin, daß er mich kannte, sondern in der Art und Weise, wie er mich erlebte – nämlich *als wäre* ich dieses positive Frauenbild.

Seine Depressionen und Gefühle der Wertlosigkeit standen mit einer inneren negativen Haltung in Zusammenhang; in seiner Psyche befand sich eine mächtige ›Hure‹, die ihn herabwürdigte und ihm schneidend und sarkastisch vorhielt, wie unbedeutend er sei. Es geschehe ihm nur recht, wenn es ihm schlechtgehe, und all seine Bemühungen seien sowieso sinn- und zwecklos. (In diesem Zusammenhang entsinne ich mich eines Cartoons von Jules Feiffer, den mir ein anderer Patient mitgebracht hatte; auf dem Bild ist ein Mann zu sehen, der sich duckt, während ihm eine verhüllte Gestalt Beschuldigungen dieser Art an den Kopf wirft. Nach und nach richtet sich der Mann auf, fängt an, sich zu verteidigen, und weist schließlich die Anschuldigungen zurück; in diesem

Augenblick legt die Gestalt ihre Verhüllung ab und sagt: »Wie kannst du es wagen, so zu deiner Mutter zu reden?«) Der Priester mußte unbedingt eine innere Beziehung zum positiven Weiblichen entwickeln, das, wenn er sich zurückgewiesen oder entmutigt fühlte, seinen Zustand nicht ausnützen und ihn angreifen und heruntermachen, sondern ihn ermutigen und unterstützen würde. Bis zu dem Punkt, an dem diese Fähigkeit, liebevoll mit sich selbst umzugehen, Teil seines Innenlebens wurde, mußte er sie auf mich projizieren, und ich wurde eine Zeitlang zur Trägerin dieser Projektion. Auf diese Weise konnte er mich als ermutigende, nährende Frau in seinem äußeren Leben erfahren (was ihm zu Beginn dank seinem Bild von der japanischen Frau möglich gewesen war). Diese positive Haltung würde allmählich zu einer inneren Gestalt oder Einstellung werden und zu seiner Verfügung stehen, wenn er sich mutlos fühlte. Es war genau diese innere Gestalt, der er begegnen mußte, als er damals mein Wartezimmer betrat.

Die Tatsache, daß er eine Therapie begann, ohne zu wissen, was er brauchte, und unverzüglich genau dem Archetypus begegnete, dem er begegnen mußte, berührt mich zutiefst. Der Archetypus wurde im Augenblick unserer Begegnung heraufbeschworen, und mit der Zeit schloß der Priester auch auf einer inneren Ebene Bekanntschaft mit ihm. Er begegnete sowohl der ›maßgeschneiderten‹ äußeren Psychiaterin als auch dem wichtigen inneren Archetypus auf synchronistische und simultane Weise.

Gewisse Menschen erleben synchronistische Begegnungen, bei denen immer wieder dieselben Menschentypen oder dieselben Vertreter archetypischer Gestalten auftreten. Jedesmal bringen sie diese symbolische Person auf die Bühne, um aufs neue dasselbe Drama zu inszenieren.

Bei einem Mann äußerte sich das wiederholt stattfindende Drama in unerfreulichen Wechselwirkungen zwischen ihm und dem, was wir schließlich ›Drachenfrauen‹ nannten. Er wurde nämlich immer wieder von einem gewissen Typ älterer Frauen gegen seinen Willen mit fürsorglicher Aufmerksamkeit überhäuft, wobei er diesen an der Oberfläche zwar zuckersüßen, aber dem Wesen nach ungemein fordernden Frauen willfährig war, was ihn verärgerte.

Er erlebte diese Frauen als verschlingend und mächtig und widersetzte sich ihnen auf passive Weise. Es war für ihn nötig, seine eigene Macht zu entdecken und zu entwickeln und sich die Selbstsicherheit und den Mut des inneren Helden zu eigen zu machen (ein heiliger Georg zu werden). Andererseits sah er diese Frauen wegen seines Grolls und dem Gefühl der Ohnmacht, das er ihnen gegenüber empfand, in einem verzerrten Licht. Obwohl sie in Wirklichkeit nicht so monströs waren, wie er sie erlebte, trugen sie eine gesellschaftliche Maske der Süße, die mit ihrer inneren Unzufriedenheit und Wut nicht übereinstimmte.

Als der Mann seelisch stärker wurde, änderte er sein Verhalten gegenüber diesem Frauentyp. Seine scheinbar willfährige Haltung, die jedoch mit einem passiven Widerstand gekoppelt war, hatte die Frauen ermutigt, ihre Erwartungen höherzuschrauben, nur um desto fordernder und wütender zu werden, wenn er sich zurückzog. Nun nahm er von Anfang an eine klare und feste Haltung ein. Offensichtlich bewirkte sein psychisches Wachstum, daß er weniger Schwierigkeiten mit diesem Frauentyp hatte. Und obwohl ihm solche Begegnungen nun weniger Mühe bereiteten als früher, gab es jedoch objektiv betrachtet keinen Grund dafür, weshalb er Frauen dieser Art seltener begegnen sollte (was aber der Fall war). Da er nun, zum Teil aufgrund seiner Einsicht in das, was sich abspielte, gelernt hatte, diesen Frauentyp zu erkennen, wunderte er sich sehr über die Veränderung: Er stellte nämlich fest, daß sich schon seit Monaten keine ›Drachenfrau‹ mehr am Horizont gezeigt hatte, während er ihnen früher überall begegnet war und sich regelrecht verfolgt fühlte.

Es ist hilfreich, wenn man erkennt, daß wieder einmal eine Variante jener Symbolgestalt ihren Auftritt hat. Im Erkennen dieses Musters liegt der Grundstein zur Weisheit, denn dadurch sind wir in der Lage, den Menschen, der derart starke Emotionen in uns auslöst, zu beobachten, statt uns nolens volens in seinen Bann ziehen zu lassen. Bei jeder synchronistischen Begegnung scheinen auf irgendeine Weise Archetypen des kollektiven Unbewußten mit im Spiel zu sein, was die magische Anziehung erklärt, die unterschwellig wirkt, wenn wir uns einem archetypischen Bild gegenübersehen. Handelt es sich um ein positives Bild, so scheint dieser Mensch von irgendeinem Zauber umgeben zu sein. Handelt es sich jedoch um einen negativen Archetypus, sind verschiedene Reaktionsweisen möglich: Unterwürfigkeit und Verschüchterung angesichts der überwältigenden Macht, die wir diesem Menschen zuschreiben, oder intensive, unangemessene Angst oder Haß.

Viele scheinen auf Schritt und Tritt einem gewissen Menschentyp zu begegnen, wodurch sich ihre Annahmen durch ihre Erfahrungen zu bestätigen scheinen. Glaubt zum Beispiel ein Mann, alle Frauen seien promiskuitiv, so findet er mit großer Wahrscheinlichkeit immer wieder ›Beweise‹ für diese Annahme. Die Gründe dafür sind vielfältig und vielschichtig: Wenn sich ein Mann in seinem Verhalten nach dieser Annahme richtet, so bringt er jeder Frau, mit der er eine Beziehung unterhält oder die er heiratet, Mißtrauen entgegen, da er davon ausgeht, sie sei oder werde ihm untreu. Mit der emotionalen Distanz, die ein solches Verhalten erzeugt, sowie dem Groll, den die Frau, weil sie als schuldig erachtet wird, verspürt, erhöht sich die Wahrscheinlichkeit, daß sie sich einem anderen Menschen zuwendet, um Wärme und Wertschätzung zu bekommen. Nach dem Prinzip von Ursache und Wirkung kann die als gegeben angenommene Situation dann eintreten. Ein solcher Mann fühlt sich möglicherweise auch zu Frauen hingezogen, die von ihrer Persönlichkeitsstruktur her zu einem promiskuitiven Verhalten neigen, womit er sich auf zwanghaft-neurotische Weise immer wieder in dieselbe Situation bringt. Auch in diesem Fall spielt das Prinzip von Ursache und Wirkung. Oder der Mann projiziert vielleicht diese Annahme auf eine Frau, die er undeutlich wahrnimmt, was einen ähnlichen Effekt hat, wie wenn ein Ausschnitt von einem Menschen, der ansonsten in der Dunkelheit ist, in satten Farben auf die Leinwand projiziert wird; das, was der Mann sieht, ist seine eigene Projektion, ungeachtet der Persönlichkeitsmerkmale dieser Frau. Die Projektion kann schließlich eine pygmalionähnliche Wirkung auf eine unreife Frau haben und sie in dem Sinne beeinflussen, daß sie die ihr vorherbestimmte Rolle einnimmt.

Geht man von der Möglichkeit der Synchronizität aus – die ich als Hypothese der Kausalität der weiter oben geschilderten psychologischen Situationen hinzufügen möchte –, so ist es möglich, daß dieser Mann auf Schritt und Tritt einer promiskuitiven Frau in die Arme läuft, nicht nur, weil er innerlich für eine solche Begegnung bereit ist, sondern auch, weil in Wirklichkeit zufälligerweise eine solche Frau da ist. Die Synchronizität legt nahe, daß die äußere Welt die innere Welt tatsächlich widerspiegelt und nicht nur zu widerspiegeln scheint. Von der Jungschen Perspektive aus betrachtet, könnte man hinzufügen, daß die Psyche dieses Mannes einen negativen weiblichen Aspekt aufweist, der ihn in zweifacher Hinsicht ungünstig beeinflußt: Das Frauenbild dieses Mannes ist, wie bereits beschrieben, negativ gefärbt, und seine eigene innere Weiblichkeit ist vermutlich genauso wie das Bild, das er sich von den Frauen macht. Folglich hat er wahrscheinlich keine nährenden, liebenden und beziehungsorientierten Eigenschaften in sich entwickelt, weshalb er mit ziemlicher Sicherheit selbst zur Untreue neigt.

Könnte dieser Mann die Möglichkeit akzeptieren, daß die Welt, so wie er sie erlebt, ein Spiegel ist und daß das, was er sieht und verurteilt, nur das spiegelt, was er in sich selbst verändern muß, so wäre eine Wandlung möglich. Den meisten Menschen ist es nicht möglich, die Dinge in der äußeren Welt zu verändern, während sie das, was sie als Probleme der eigenen Psyche erkennen, verändern können, auch wenn sich dies mitunter als schwierig erweist.

Die Synchronizität gibt uns also ein weiteres Mittel in die Hand, das uns hilft, uns zu verändern, nämlich dann, wenn wir erkennen, wie sich innere Probleme in äußeren Situationen spiegeln und daraufhin die Verantwortung für eine Veränderung übernehmen. Oder, wie es Richard Bach in seinem Buch *Illusionen* ausdrückt:

> Jeder Mensch,
> alle Ereignisse in deinem Leben
> sind da, weil du selbst sie
> angezogen hast.
>
> Was du mit ihnen anfängst,
> ist deine Sache.[2]

Eine fünfunddreißigjährige Frau beklagte sich einmal bei mir, es gebe keine Männer, die man heiraten könne; die Männer, die sie kennenlernte, seien entweder homosexuell oder würden sie ausnützen oder seien nicht bereit oder unfähig, eine Beziehung aufrechtzuerhalten. Als sie davon abließ, sich über ihr bemitleidenswertes soziales Umfeld zu beklagen und sich statt dessen darauf konzentrierte, in sich selbst hineinzuschauen, entdeckte sie, daß zwei unbequeme Archetypen am Werk waren. Beim einen Archetypus handelte es sich um eine geduldige, großherzige Muttergestalt, die kaum beachtet wurde, die immer nur gab und vergab und kaum je eine Gegenleistung erwartete (und bekam). Der zweite Archetypus (der die Frau mehr erstaunte) war eine trotzige (in ihrer Ausdrucksweise jedoch gehemmte), zornige (verkappte) Nonkonformistin, eine Heranwachsende, die im geheimen rebellierte und in Wirklichkeit gar nicht heiraten wollte. Die Frau schien eine magische Anziehungskraft auf egoistische, kindische Männer auszuüben, die sie bemutterte und bewunderte (wobei sich die im geheimen rebellierende Heranwachsende über den Nonkonformismus dieser Männer freute, den diese stellvertretend für sie auslebten).

Als sie das Muster und die Konsequenzen ihrer Interaktionen erkannte, begann sie, sich anders zu verhalten. Sie zügelte das, was sie nun als fehlgeleiteten Mutterinstinkt betrachtete, wurde sich ihres jugendlichen Archetypus mit seinem mangelnden Urteilsvermögen bewußt und artikulierte gegenüber den Männern in ihrem Leben ihre legitimen Bedürfnisse nach Umsorgtwerden und verantwortungsbewußtem Verhalten. Daraufhin begannen die Männer sie besser zu behandeln, eine Veränderung, die offensichtlich ihren nun anders gelagerten Erwartungen und ihrem neuen Verhalten zugeschrieben werden konnte. Noch verblüffender war die Tatsache, daß sie nun interessante, heiratswillige, ›erwachsene‹ Männer kennenlernte, die plötzlich aus der Versenkung, oder wo immer die Synchronizität sie fand, auftauchten. Gehen wir von der Synchronizität als einer Tatsache aus, stellt sich uns die folgende Frage: Wenn die Frau bereit ist, erscheint dann der richtige Mann?

Synchronistische Begegnungen sind wie Spiegel, in denen wir einen Teil unserer selbst erkennen können. Wenn wir wachsen wollen, sollten wir genau hinsehen. Die Synchronizität verspricht uns, daß sich die Muster in unserem äußeren Leben verändern werden, sofern wir uns innerlich wandeln. Wenn die Menschen, die Ereignisse in unserem Leben da sind, weil wir sie angezogen haben, dann ist das, was sich in unserem Leben anscheinend aufgrund eines Zufalls oder des Schicksals ereignet, nicht wirklich zufällig.

KAPITEL 6

Die synchronistische Weisheit des *I Ging*

Das I Ging *als Orakel * Die Synchronizität als das allem zugrundeliegende Prinzip * Das Tao als Grundlage für die Philosophie und die Weisheit des* I Ging

Das *I Ging* oder *Buch der Wandlungen* enthält nicht nur uralte philosophische Weisheit, sondern ist auch ein moderner Bestseller. Überdies ist es ein Orakel in Buchform, das von vielen Menschen konsultiert wird, wobei sie dieselbe innere Haltung einnehmen wie jene, die früher nach Delphi reisten, um das Orakel des Apollo zu befragen. Die einen bringen dem Buch Ehrfurcht entgegen und haben das Gefühl, daß es ihnen weise und angemessene Ratschläge erteilt, die anderen verwerfen sowohl das Buch als auch die Vorstellung, man könne ein Buch um Rat fragen, da sie Orakeln etwa ebenso viel Glauben schenken wie den Botschaften in den chinesischen Glücksplätzchen.

Im Leben tritt die Synchronizität spontan auf, und wir werden uns aufgrund synchronistischer Ereignisse bewußt, daß zwischen uns und der Welt eine Verbindung besteht, für die es keine logische Erklärung gibt. Das *I Ging* kehrt diese Reihenfolge um: Wenn wir eine Befragung vornehmen, gehen wir nämlich davon aus, daß die Synchronizität existiert. Es gibt keine rationale

Erklärung dafür, wie das *I Ging* überhaupt funktioniert; die Methode hängt von der Synchronizität ab, und die unheimlich präzise Deutung liefert uns eine Bestätigung auf der Gefühlsebene.

Das *I Ging* ist wahrscheinlich eines der wichtigsten Bücher der Weltliteratur, da beide Richtungen der chinesischen Philosophie, der Konfuzianismus und der Taoismus, ihre Wurzeln im *I Ging* haben. Es betont die Werte, die inmitten eines sich ständig wandelnden Universums ewig sind, setzt einen Kosmos voraus, der ein sichtbares und allem zugrundeliegendes Muster aufweist, und empfiehlt nachdrücklich, sich an innere Werte zu halten, erteilt jedoch zugleich Ratschläge, wie man in der äußeren Situation angemessen handeln und sich verhalten kann. Das *I Ging* vermittelt uns Grundsätze, aufgrund derer wir lernen können, im Einklang mit dem Tao, jener unsichtbaren, sinnvermittelnden Matrix des Universums zu leben.

Ich wurde 1967, als ich gerade meine Privatpraxis als Analytikerin eröffnet hatte, durch eine Patientin in das *I Ging* eingeführt. Sie hatte eben eine schwere Depression hinter sich, einen Zustand der Hoffnungslosigkeit, des Gelähmtseins, der Schwärze und Selbstmordgefährdung, und befand sich nun in jener Phase der Gräue und Öde, die die Schnittstelle zwischen einer schweren Depression und der Rückkehr ins Leben mit seinen vielen emotionalen Färbungen markiert. In diesem Stadium der Genesung hatte sie das Gefühl, nur oberflächlich am Leben beteiligt zu sein; sie funktionierte wieder, arbeitete effizient, traf andere Menschen, doch ihre Lebenslust und Arbeitsfreude waren noch nicht zurückgekehrt.

Sie war entmutigt und ungeduldig, und die Gefahr bestand, daß sie aufgrund dieser Gefühle aufgeben oder destruktiv und impulsiv handeln würde. In diesem Gemütszustand hatte sie das *I Ging* befragt und las mir, als sie in die Praxis kam, die Deutung vor – eine eloquente bildhafte Metapher für ihre Situation. Sie hatte das Hexagramm 5 erhalten, *Das Warten* (Die Ernährung), das folgendermaßen beginnt:

> Alle Wesen bedürfen der Nahrung von oben. Aber das Spenden der Speise hat seine Zeit, die man erwarten muß. Das Zeichen zeigt die Wolken am Himmel, die Regen spenden, der alles Gewächs erfreut ... Dieser Regen wird kommen zu seiner Zeit. Man kann ihn nicht erzwingen, sondern muß darauf warten. Der Gedanke des Wartens wird außerdem nahegelegt durch die Eigenschaft der beiden Urzeichen: innen Stärke, davor Gefahr. Stärke vor Gefahr überstürzt sich nicht, sondern kann warten, während Schwäche vor Gefahr in Aufregung gerät und nicht die Geduld zum Warten hat.[1]

Das Hexagramm, das das Bedürfnis nach Nahrung in den Mittelpunkt stellt, umschrieb ihre Situation auf treffende Weise. Ich wußte, daß sie bei dem, was sie tat, keine Nahrung fand und daß sie das Leben als eine sinnlose Übung betrachtete. Dieses Stadium der Depression entspricht dem der Erde, die nach einer langen Dürre darauf wartet, daß der Regen kommt, die lebenspendende Feuchtigkeit, deren es bedarf, damit Ödland wieder zu grünen beginnt. Es ist eine entmutigende und potentiell gefährliche Zeit, da genug Energie vorhanden ist, um eine Selbstmordabsicht in die Tat umzusetzen, sollte man die Hoffnung aufgeben, daß dieses Stadium je ein Ende nehme.

Der Text gab der Patientin einen weisen Rat, indem er ihr sagte, wie sie sich während dieser schwierigen Zeit verhalten solle:

> Das Warten ist kein leeres Hoffen. Es hat die innere Gewißheit, sein Ziel zu erreichen. Nur diese innere Gewißheit gibt das Licht, das allein zum Gelingen

> führt. Das führt zur Beharrlichkeit, die Heil bringt und die Kraft verleiht, das große Wasser zu durchqueren.
>
> Eine Gefahr liegt vor einem, die überwunden werden muß. Schwäche und Ungeduld vermögen nichts. Nur wer stark ist, wird mit seinem Schicksal fertig, denn er kann infolge der inneren Sicherheit ausharren. Diese Stärke zeigt sich in unerbittlicher Wahrhaftigkeit. Nur wenn man den Dingen, so wie sie sind, ins Auge zu schauen vermag, ohne jeden Selbstbetrug und Illusion, entwickelt sich aus den Ereignissen ein Licht, das den Weg zum Gelingen erkennen läßt. Auf diese Erkenntnis muß entschlossen beharrliches Handeln folgen; denn nur, wenn man entschlossen seinem Schicksal entgegengeht, wird man damit fertig. Dann kann man das große Wasser durchqueren, das heißt die Entscheidung treffen und die Gefahr bestehen.[2]

Dieses Hexagramm des *I Ging* sprach die Frau direkt an und berührte etwas in ihr. Es unterstützte jenen unschlüssigen Aspekt ihrer Persönlichkeit, der mit mir zusammenarbeitete, und stärkte ihn. Obwohl die Deutung meiner Patientin galt, spürte ich, daß sie auch für mich von Bedeutung war: Ich mußte lernen, geduldiger zu werden, um es meinen Patienten zu ermöglichen, gemäß ihrem persönlichen Rhythmus zu gesunden und zu wachsen.

Wie befragt man das *I Ging?* Hier ist nun die Synchronizität mit im Spiel, denn das Orakel funktioniert nur auf der Grundlage der Synchronizität oder des allem zugrundeliegenden Tao. Mit der Logik können die Genauigkeit und Treffsicherheit der erhaltenen Deutungen nicht erklärt werden. Genau wie die Hummel gemäß den Gesetzen der Aerodynamik eigentlich nicht fliegen dürfte, genauso sollte das *I Ging* als Orakel nicht funktionieren, was jedoch der Fall ist.

Eine Befragung des *I Ging* kann auf zwei Arten vorgenommen werden. Bei beiden Methoden muß derjenige, der bei diesem Orakel Rat sucht, seine Frage zuerst in Worte fassen. Dann kann er entweder auf rituelle Weise sechsmal hintereinander neunundvierzig auf zwei Haufen verteilte Schafgarbenstengel in Vierergruppen aufteilen, worauf er sechs Zahlen erhält, die die sechs Linien eines Hexagramms bilden, oder er kann sich der einfacheren Methode bedienen und insgesamt sechsmal drei Münzen werfen, wobei jeder Wurf eine Linie ergibt. Jedes Hexagramm weist den Befrager auf einen bestimmten Text hin. Die *I-Ging*-Übersetzung von Richard Wilhelm enthält unter dem Titel *Über das Orakelnehmen* ein nützliches Kapitel, in dem beschrieben wird, wie das Schafgarbenorakel und wie das Münzenorakel angewandt werden. Ein Schema am Ende des Buches listet alle Hexagramme auf und weist den Befrager auf den betreffenden Text hin, der die Bedeutung des Hexagramms enthüllt.

Wie wir bereits festgestellt haben, spiegeln spontane synchronistische Ereignisse stark emotionsgeladene innere Situationen; genauso verhält es sich mit dem *I Ging*, denn es liefert uns die klarsten Deutungen, wenn wir es in einem Zustand innerer Spannung und Intensität befragen. Als Partyspiel gibt es nichts her. Das *I Ging* beantwortet eine Frage, wenn diese Frage für den Befrager gefühlsmäßig von größter Bedeutung ist. Ich formuliere die Frage meist etwa folgendermaßen: Bitte erläutere meine jetzige Situation und rate mir, wie ich handeln und mich verhalten soll. Da das *I Ging* meist ohnehin einen Kommentar zur Situation abgibt, kann ich es ebensogut direkt danach fragen. (Wenn man dem *I Ging* eine triviale Frage stellt, gefühlsmäßig aber gleichzeitig von etwas anderem absorbiert ist, beantwortet es stets die grundlegende Problematik, nicht die unwichtige Frage.) Joseph Henderson, ein hervorragender Jungscher Analytiker und Gelehrter, sieht in der Befragung des *I Ging* »eine praktische Anwendung des Taoismus im Alltagsleben« und erteilt uns den Rat:

> Wir sollten mit unserer Frage so lange warten, bis wir sie so einfach und präzise wie möglich stellen können und sicher sind, daß wir selbst wirklich keine Antwort darauf wissen ... auf diese Weise wird das Wesen der Symbolik des Taoismus wahrhaftig respektiert, der, kurz gesagt, sowohl eine Art Erhellung der Wirklichkeit als auch einen fortwährenden Prozeß der Selbstverwirklichung anstrebt.[3]

Im zweiten Buch des *I Ging,* Da Dschuan oder die Große Abhandlung genannt, wird dasselbe mit folgenden Worten ausgedrückt:

> Darum befragt der Edle es, wenn er etwas zu machen oder zu tun hat, und zwar mit Worten. Jenes nimmt seine Mitteilungen auf wie ein Echo, es gibt nichts Fernes und Nahes, nichts Dunkles und Tiefes für dasselbe: so erfährt er die künftigen Dinge. Wenn dieses Buch nicht das allergeistigste auf Erden wäre, wie könnte es so etwas?[4]

Nicht alle Menschen sind gleichermaßen fähig, mit dem *I Ging* zu arbeiten. Man muß den Sinn intuitiv erfassen, die Metapher und das Bild würdigen sowie einen philosophischen Standpunkt einnehmen können, der in Einklang mit der Idee des Tao steht. Das *I Ging* warnt: »Wenn der das Orakel Befragende nicht in Kontakt mit dem SINN [dem Tao] ist, so bekommt er keine sinnvolle Antwort, die ja doch nur vergeblich wäre.«[5] In der Praxis arbeite ich mit dem *I Ging,* wenn es vom Patienten selbst gewünscht wird. Meiner Meinung nach ist das Orakel genau wie ein spontanes synchronistisches Ereignis oder ein Traum, eine Äußerungsform der Aktivität der unserer Psyche eignenden Symbolik, und es vermittelt uns wertvolle Erkenntnisse in bezug auf die Bedeutung der gegenwärtigen Situation. Kommt ein Patient mit einer Deutung des *I Ging* in die analytische Sitzung, so stellt sie ein bedeutsames Ereignis für ihn dar. Ich arbeite auf dieselbe Weise mit dem *I Ging* wie mit Träumen und synchronistischen Ereignissen. Obwohl die Metaphern des *I Ging* nicht von der Psyche des betreffenden Menschen erzeugt werden und daher weniger individuell sind, finde ich es hilfreich, in den Bildern und Symbolen eine persönliche Bedeutung zu suchen, um die Situation zu verstehen. Die Amplifikation mittels Assoziationen zu den erhaltenen Metaphern erweist sich ebenfalls als sehr nützlich.

Als Beispiel möchte ich ein Bild aus dem Hexagramm 34, *Des Großen Macht*, anführen: »Ein Ziegenbock stößt gegen eine Hecke und verwickelt seine Hörner.« Dieses Bild schildert die Situation eines Menschen, der in eine Sackgasse geraten ist und seine Energie in einem nutzlosen, hartnäckigen Kampf fruchtlos verpufft. Die Amplifikation enthüllte meinem Patienten zwei zusätzliche Einsichten. Die Angst, als *Ziegenbock* zu gelten, war für ihn ein Grund, halsstarrig in seinen Bemühungen weiterzumachen. Zudem assoziierte er seine Neigung, einen Geldverlust überzubewerten, mit einem negativen Steinbock-Aspekt seiner Persönlichkeit (wobei das astrologische Zeichen des Steinbocks für den Ziegenbock steht).

Ein anderer Patient erhielt bei seiner Befragung des *I Ging* das Hexagramm 47, *Die Bedrängnis* (Die Erschöpfung), das folgendes Bild enthält: »Er ist bedrängt von Ranken.« Diese Metapher beschreibt Bande, die leicht gelöst werden können. Der Patient assoziierte die Ranken mit der Idee der *Anklammerung;* die Mischung aus Schuldgefühlen und Feindseligkeit, die diese Vorstellung von Abhängigkeit hervorrief, stellte das ihn lähmende psychologische Problem dar, mit dem er sich auseinandersetzen mußte. Die Assoziationen zum Bild verhalfen dem Patienten zu wichtigen Erkenntnissen über sich selbst.

Manchmal verstreichen Wochen, bis wieder einmal ein Patient das *I Ging* zur Sprache bringt. Manche Patienten erwähnen es hin und wieder, andere haben noch nie etwas davon gehört, während einige das *I Ging* zwar kennen, ohne jedoch etwas damit anfangen zu können. Mit dem *I Ging* verhält es sich wie mit Träumen und spontanen synchronistischen Ereignissen: Jeder Mensch reagiert anders darauf.

In der Zeit, in der ich dieses Kapitel schrieb, erhielten zwei meiner Patientinnen dasselbe Hexagramm. Beide waren verheiratet und befanden sich in einer Ehekrise. Beide überlegten sich, ob sie sich von ihrem Mann trennen sollten, und hatten in dieser Angelegenheit das *I Ging* mit dem Münzenorakel befragt. Beide wurden auf das Hexagramm 49 verwiesen, *Die Umwälzung* (Die Mauserung), das die Umwälzung mit einem Tierfell vergleicht, welches sich im Laufe des Jahres durch Mauserung ändert. Diese Analogie wird dann auf die Mauserungen im Staatsleben, die großen Umwälzungen, die mit einem Regierungswechsel verbunden sind, angewendet. Obwohl die beiden Frauen ganz unterschiedliche Eheprobleme hatten, waren die Rollen, die ihnen zukamen, dieselben. Beide Frauen lehnten sich gegen die Werte auf, die von ihren Ehemännern hochgehalten wurden, und verspürten das Bedürfnis, die ihre Ehe beherrschenden Prinzipien zu verändern und sich so von ihrer Rolle zu befreien.

Eine andere Patientin wurde während zweier Jahre immer wieder auf das Hexagramm 62, *Des Kleinen Übergewicht* verwiesen. Entweder bekam sie es sofort, nachdem sie das Münzenorakel durchgeführt hatte, oder sie erhielt zunächst ein anderes Hexagramm mit einem bewegten Strich, das sich dann in das Hexagramm *Des Kleinen Übergewicht* wandelte. Die Wiederholung wirkte sehr überzeugend, und die Frau befolgte den Ratschlag, den sie jedoch nicht immer sonderlich begrüßte, da sie zwar ihre Situation gleich beurteilte wie das *I Ging*, aber nicht ständig daran erinnert werden wollte. Es beeindruckte sie sehr, daß das *I Ging* ihr immer wieder denselben Ratschlag erteilte. Das Urteil des Hexagramms lautet folgendermaßen:

> Des Kleinen Übergewicht. Gelingen.
> Fördernd ist Beharrlichkeit.
> Man mag kleine Dinge tun, man soll nicht große Dinge tun.
> Der fliegende Vogel bringt die Botschaft:
> Es ist nicht gut, nach oben zu streben,
> es ist gut, unten zu bleiben. Großes Heil![6]

Die Botschaft lautete, umgangssprachlich ausgedrückt: Arbeite brav und fleißig weiter und gib dich nicht hochfliegenden Ideen hin. Das *I Ging* riet ihr, gewissenhaft und äußerst bescheiden zu sein, pflichtbewußt an dem zu arbeiten, was sie tat, da dies nicht der rechte Zeitpunkt war, irgendeine größere Aufgabe in Angriff zu nehmen. Sie hatte sich die ganze Zeit ihrem Studium gewidmet und bereitete nun den Abschluß vor. Die sich wiederholenden Hexagramme ermutigten sie, den Weg, für den sie sich entschieden hatte, weiterzuverfolgen, eine Laufbahn, für die sie meiner Meinung nach sehr geeignet war; außerdem würden ihr die persönlichen Erfahrungen, die sie auf diesem Gebiet hatte, vermutlich zum Erfolg verhelfen.

Die Frau befragte das *I Ging* gewöhnlich dann, wenn

sie eine Möglichkeit sah, eine andere Laufbahn einzuschlagen, die ihren impulsiven Seiten mehr entgegenkäme. Doch die im Hexagramm enthaltene bewegte Linie enttäuschte ihre Hoffnung, daß es irgendwelche Abkürzungen oder einfachere Wege gäbe, ihr Ziel zu erreichen:

> Anfangs eine Sechs bedeutet:
> Der Vogel kommt durch Fliegen ins Unheil.

Die nachfolgende Erläuterung geht genauer auf die Bedeutung ein:

> Der Vogel soll zunächst im Nest bleiben, bis er flügge ist. Will er vorher fliegen, so zieht er sich Unheil zu. Außerordentliche Maßnahmen dürfen erst getroffen werden, wenn es nicht mehr anders geht. Zunächst muß man sich so lange wie möglich ins Herkömmliche fügen, sonst verbraucht man sich und seine Kraft und erreicht doch nichts.[7]

Ihrer Meinung nach schien ihr das *I Ging* zu raten, die Ausbildung abzuschließen und Erfahrungen zu sammeln.

Wie ich es sehe, sollte in einer Analyse die Weisheit des *I Ging* berücksichtigt werden, jene grundlegende taoistische Philosophie, die in den einzelnen Texten zum Ausdruck kommt und die das Bedürfnis des Menschen anerkennt, mit dem Zyklus der Jahreszeiten in Einklang, das heißt entweder aktiv oder passiv zu sein, je nach dem Gebot der Stunde, und somit in Harmonie mit sich selbst und mit der Jahreszeit. Der Begriff ›Jahreszeit‹ ist in diesem Kontext sehr weit gefaßt. Einerseits sind damit die ›Jahreszeiten des Lebens‹ gemeint, zum Beispiel die ungebundene Jugendzeit oder die Zeit, in der eine Frau Kinder gebärt, die Zeit der mittleren Lebensjahre, oder die Zeit kurz vor dem Tod – alles unterschiedliche ›Jahreszeiten‹, die unterschiedliche Verhaltensweisen erfordern. Andererseits gibt es noch weitere wichtige ›Jahreszeiten‹ – wie zum Beispiel die Friedenszeit und die Kriegszeit, die Zeit einer wirtschaftlichen Krise oder die des Wohlstands. Die ›Jahreszeit‹ kann auch rein persönlicher Natur sein: eine Zeit des Wohlergehens oder eine Zeit der Prüfungen und der Not. Im Buch Prediger 3,1–2 finden wir den folgenden poetischen Text:

> Alles hat seine Stunde, und eine Zeit (ist bestimmt) für jedes Vorhaben unter dem Himmel: Eine Zeit fürs Geborenwerden, und eine Zeit fürs Sterben; eine Zeit fürs Pflanzen, und eine Zeit, das Gepflanzte auszureißen.[8]

Diese Passage weist genau wie das *I Ging* darauf hin, daß es verschiedene Zeiten gibt, die wir durchmachen müssen.

Es wäre töricht, mitten im Winter ungeduldig darauf zu warten, daß die Narzissen aus der Erde sprießen, nur weil man den Boden bearbeitet, in dem die Zwiebeln stecken. Die Menschen wachsen, genau wie die Pflanzen und Bäume, gemäß ihrer inneren Uhr und in Übereinstimmung mit der äußeren Jahreszeit. Es ist wichtig, daß jeder Mensch seinen persönlichen Rhythmus und seine eigenen ›Jahreszeiten‹ respektiert und den Träumen und synchronistischen Ereignissen Aufmerksamkeit schenkt, die ihm helfen, auf organische Weise zu wachsen.

Der Einstimmung auf eine spezifische Situation wird sowohl vom Analytiker als auch vom *I Ging* Wert beigemessen. Beiden gemeinsam ist zudem, daß sie die Zurückhaltung respektieren, das heißt, der Mensch soll nur dann handeln, wenn der Zeitpunkt günstig ist, und in schwierigen Zeiten Beharrlichkeit üben. Die Philosophie des *I Ging* läßt sich ohne weiteres auf meine Metapher für die Analyse anwenden.

Ich sehe die Analyse als eine Analogie zum Gärtnern an. Die Beziehung zwischen Analytiker und Patient mit ihren Regeln der Vertraulichkeit und ihrem Charakter einer Zufluchtsstätte, wo man gefahrlos jedes Thema anschneiden kann, dient als Nährboden für den Wachstumsprozeß. Das Jäten von Unkraut, das Entfernen von Steinen, das Umstechen und Bewässern des Bodens sind jene Arbeiten, die beim Gärtnern als erstes in Angriff genommen werden müssen, und können mit der psychotherapeutischen Phase der Analyse verglichen werden. Das Unkraut und die Steine, die das Wachstum behindern – ob es sich nun um frühkindliche oder gegenwärtige Probleme handelt –, müssen entfernt werden. Alles, was das Wachstum des einzelnen beeinträchtigt, muß erkannt und beseitigt werden. Wasser, das mit Gefühlen gleichgesetzt werden kann, muß in die Therapie eingebracht werden, damit die Abwehr aufgeweicht und durchdrungen werden kann. Auf diese Weise werden wir durchlässig für die Gefühle, die uns andere Menschen entgegenbringen und die uns Nahrung verschaffen, so wie das Wasser zu den Wurzeln in ausgedörrter, dicker, lehmiger Erde durchdringt. In der Analyse geschieht das Wachstum tief im Unbewußten, das heißt sozusagen unter der Erde; später äußert es sich in dem, was über der Erde ist.

Es hängt von der Art des Samens ab, was aus ihm wird. Ein guter Gärtner hilft jeder Pflanze, sich voll zu entfalten und das zu erzeugen, wofür sie bestimmt ist – eine Frucht, ein Gemüse, eine Blume; ganz das zu sein, was sie sein soll – eine Eiche, ein Mammutbaum, ein Geranium oder ein Kaktus.

Der Analytiker ist im Leben eines Menschen oft eine Zeitlang eine Stütze. Beinahe alles, was wächst, wird irgendwann stark genug, um allein weiterwachsen zu können, um Wasser und Sonnenschein in sich aufzunehmen, um aus dem Boden, in dem es nun tiefer verwurzelt ist, Nahrung aufzunehmen, um im Leben auf bedeutsame Weise ›geerdet‹ zu sein.

Aus dem, was ich über das *I Ging* gesagt habe, geht hervor, daß ich seinen philosophischen Reichtum und die Treffsicherheit seiner Ratschläge sehr schätze. Bezeichnenderweise befanden sich alle Menschen, die ich in diesem Zusammenhang als Beispiele angeführt habe, in einer Lage, die emotional für sie von größter Bedeutung war, und sie verwendeten das *I Ging* als zusätzlichen Ratgeber. Ich habe auch schon erlebt, daß das *I Ging* unüberlegt und gedankenlos befragt wurde, so wie man ein Horoskop in einer Zeitung liest, um sich beispielsweise zu entscheiden, ob man ausgehen soll oder nicht; der Befrager sucht dann nur nach omenhaften Wörtern oder Sätzen, ohne sich Zeit zu nehmen, um darüber nachzudenken oder die Bedeutung des Hexagramms zu erfassen. Eine solche Befragung wirkt sich nachteilig und hemmend auf das Wachstum und die Entwicklung des Befragers aus.

Sollten Sie in diesem Kapitel zum erstenmal dem *I Ging* begegnet sein, dann habe ich Ihnen möglicherweise einen weisen, tiefsinnigen und hilfreichen Freund vorgestellt. Am Schluß seines Vorworts zur englischen Fassung des *I Ging* sagt Jung folgendes zur Begegnung mit dem *Buch der Wandlungen:*

> Das *I Ging* preist sich selbst nicht mit Beweisen und Ergebnissen an; weder rühmt es sich, noch ist es leicht zugänglich. Wie ein Teil der Natur wartet es, bis es entdeckt wird. Es bietet weder Tatsachen an, noch verleiht es Macht, doch für jene, die die Selbsterkenntnis oder die Weisheit lieben – falls es sie gibt –, scheint es das richtige Buch zu sein. Dem einen scheint sein Geist hell wie der Tag zu sein, dem anderen schattig

wie die Dämmerung, dem dritten dunkel wie die Nacht. Wer keinen Gefallen daran findet, muß es nicht als wahr betrachten. Möge es seinen Weg in die Welt finden zum Nutzen derer, die seinen Sinn erfassen können.[9]

KAPITEL 7

Die parapsychologischen Teile des synchronistischen Puzzles

*Mein direkter Zugang zur Parapsychologie dank dem Magazin Psychic * Beherrschung der Materie durch den Geist, ASW und Poltergeist-Phänomene * ›Unmögliche‹ Untersuchungen zur ASW und die Bereitschaft, ein Wunder zu erleben * Das symmetrische Universum der Quantenphysik*

Im Jahr 1968 entschlossen sich mein Mann und ich – damals waren wir noch intuitive Visionäre und Grünschnäbel im Dickicht der Geschäftswelt –, ein neues Magazin ins Leben zu rufen, das die außersinnlichen Phänomene, das heißt das aufkeimende Gebiet der Parapsychologie abdecken würde, wobei Jim als Herausgeber und Verleger fungieren würde. Der Visionär in uns malte sich die Nachfrage nach einer qualitativ hochstehenden Zeitschrift aus, die, an der Schwelle zum Wassermannzeitalter, über die verschiedenen Facetten dieser neuen Wissenschaft berichten würde. Bereits bestehende Zeitschriften konzentrierten sich auf das Okkulte und berücksichtigten die beeindruckenden Forschungsergebnisse und die wirklich bedeutsame einschlägige Literatur zu wenig.

Jim interessierte sich schon seit langem für außersinnliche Phänomene und philosophische Themen und verfügte über beträchtliche Erfahrung im Schreiben. Als Sachbearbeiter für Kundenwerbung in einer expandierenden und erfolgreichen Firma für Public Relations frustrierte es ihn zusehends, über Leute und Institutionen schreiben zu müssen, für die er nicht eintreten konnte. Die Kunden, die er betreute, waren Unternehmen, die an der Imagepflege und der Durchsetzung ihrer Ziele interessiert waren. In den späten sechziger Jahren wurde die Skyline von San Francisco durch solche Unternehmen ›manhattanisiert‹, und Jims letzter und größter Kunde beabsichtigte, die Bucht von San Francisco mit einem Projekt von mehreren Millionen Dollar noch mehr zu verbauen. Jim, dem die Umwelt sehr am Herzen liegt, behagte die Vorstellung, zur Verwirklichung dieses Vorhabens beizutragen, ganz und gar nicht. Die Entscheidung, ein Magazin ins Leben zu rufen, wurde aufgrund dieser Kombination von visionärem Denken und Unzufriedenheit gefällt.

Das Magazin *Psychic* begann als Tante-Emma-Laden mit nur einer Ganztagesangestellten. Alles andere wurde von freien Mitarbeitern oder von Jim erledigt, der Artikel schrieb, andere redigierte und sich um die Herstellung und die Finanzen kümmerte. Ich half, wo ich konnte, ging ganz zu Beginn am Samstag sogar auf Abonnentensuche, las hin und wieder Manuskripte, half Jim, Entscheidungen zu fällen, und traf mich mit Forschern, Autoren und potentiellen Geldgebern. In der Hauptsache arbeitete ich jedoch weiterhin in meinem Beruf als Psychiaterin, während Jim sich ausschließlich dem Magazin widmete. Da das Magazin sehr viel Einsatz und Energie von uns forderte und im Mittelpunkt unseres Lebens stand, nannten wir es spaßeshalber ›unser erstes Kind‹.

In den acht Jahren, in denen *Psychic* erschien, entwikkelte es sich zu einem beliebten und geschätzten Sprachrohr auf diesem Gebiet und trug dazu bei, daß Menschen mit außersinnlichen Fähigkeiten und parapsychologische Organisationen nationale Anerkennung erlangten, indem es über die Ergebnisse der parapsychologischen Forschung und deren Bedeutung berichtete. Es war ein durchweg schön gestaltetes Magazin, farbig und von hoher Qualität. Anfang 1977 wurde David Hammond, der bereits seit vier Jahren maßgebender Mitarbeiter gewesen war, Teilhaber des Unternehmens. In jener Zeit wurde *Psychic* übrigens in *New Realities* umgetauft, da der alte Name die Richtung, in die sich das Magazin entwickelte, nicht länger widerspiegelte. Abgesehen davon, daß Jim und David die Authentizität und Vielfalt der parapsychologischen Ereignisse und Forschung unter Beweis stellten, begannen sie nun Artikel zu publizieren, in denen die Bedeutung der Parapsychologie für den einzelnen untersucht wurde. Das Magazin entwickelte sich weiter und behandelte nun Themen wie spirituelles und außersinnliches Bewußtsein, ganzheitliche Gesundheit, Umwelt, neue Lebensweisen und neue Arten des Denkens und des Seins.

Obwohl meine beruflichen Interessen weiterhin hauptsächlich der Psychiatrie und der Jungschen Analyse galten, begegnete ich in den Jahren, in denen Jim *Psychic* herausgab, immer wieder bedeutenden Menschen, die sich mit der Parapsychologie beschäftigten, und war somit über den neuesten Stand der Forschung und über Menschen mit besonderen parapsychologischen Fähigkeiten informiert. Als Jungsche Analytikerin fand ich es unnötig, die beiden Gebiete der Psychologie und der Parapsychologie mit zwei verschiedenen Etiketts zu versehen, da Jungs Konzept der Synchronizität parapsychologische Phänomene beinhaltet und ich somit nicht in einen Konflikt geriet. Im Gegensatz zur Jungschen Psychologie verhielt sich die Mehrheit der gängigen psychologischen Schulen der Parapsychologie gegenüber ablehnend oder gleichgültig.

1972 ging ich nach Durham in North Carolina, um J. B. Rhine für *Psychic* zu interviewen. Als ich meine Reise antrat, hatte ich das Gefühl, ich würde in der Zeit zurückversetzt werden und eine historische Persönlichkeit befragen. Dr. Joseph Banks Rhine gilt in den Vereinigten Staaten als ›Vater der Parapsychologie‹; die unter seiner Leitung durchgeführten klassischen Laboruntersuchungen führten schließlich zu jenem Durchbruch, dank dem die Existenz der ASW und der Psychokinese, daß heißt der Beherrschung der Materie durch den Geist, statistisch bewiesen werden konnte. Er war der kampfbereite Pionier gewesen, der sich dafür eingesetzt hatte, diesem Forschungsgebiet innerhalb der Gemeinschaft der Wissenschaftler Respekt und Anerkennung zu verschaffen. Die Stellung, die er einnahm, kann ungefähr mit der von Freud und Jung in der Psychologie verglichen werden. Als Gründervater eines neuen Forschungszweigs zog er jene Männer und Frauen an, die die nächsten Forschergenerationen bilden würden. Er und seine Frau, Dr. Louisa E. Rhine, hatten während mehr als fünfzig Jahren als Bahnbrecher gewirkt und die harte, sich ständig wiederholende Arbeit auf sich genommen, die wissenschaftlichen Grundlagen für die Parapsychologie zu schaffen. Nachdem Rhine 1934 – noch vor meiner Geburt – eine Monographie unter dem Titel *Extra-Sensory Perception* (Außersinnliche Wahrnehmung) veröffentlicht hatte, nahm ein wissenschaftlicher ›Sturm‹ seinen Anfang, und Rhine war plötzlich in aller Munde.

Ich traf Dr. Rhine und seine Frau in der 1962 von ihnen gegründeten *Foundation for Research on the Nature of Man* (Stiftung zur Erforschung der menschlichen Natur), die gerade gegenüber der Duke University in einem eleganten älteren Haus in einer Allee untergebracht worden war. Dort wird noch immer parapsychologische Forschung betrieben, wobei zur Auswertung der Untersuchungen nun Computer, Zufallszahlengeneratoren und andere komplizierte Geräte verwendet werden. Dr.

Rhine, 1895 geboren, war damals schon beinahe achtzig Jahre alt. Ich sah mich einem großen, gutaussehenden Mann mit markanten Gesichtszügen und weißem Haar gegenüber, der sich sehr gerade hielt und wesentlich jünger aussah. Da er die Parapsychologie mit wissenschaftlicher Sachlichkeit und mit peinlich genauen Statistiken anging, hatte ich nicht erwartet, einen solch warmherzigen, ausdrucksstarken und charmanten Mann anzutreffen. Die Rhines waren Biologen gewesen, die sich diesem Forschungszweig zugewandt hatten, weil sie untersuchen wollten, ob das Bewußtsein nach dem Tod fortbesteht, was sie zum Studium von Medien führte und dann zur Erforschung jener Eigenschaften, die ein Medium zum Medium machen. Zu Beginn konzentrierten sie sich auf das Hellsehen und die Telepathie, dann auf die Präkognition und später auf die Psychokinese.

Die moderne Parapsychologie nahm ihren Anfang mit den Rhines, die, zusammen mit ihren Studenten, Mitarbeitern und in jüngster Zeit mit ihren Hochschul-Kollegen im ganzen Land die parapsychischen Phänomene ins Laboratorium brachten. Um statistisch relevante Ergebnisse zu erzielen, wurden wissenschaftlich überprüfbare exakte Untersuchungen immer wieder durchgeführt. Da der wissenschaftliche Jargon und die Statistiken die faszinierenden anekdotenhaften Fallgeschichten zunehmend verdrängten, verlor die Parapsychologie ihre Aura des Mystizismus und wurde eintönig. Sowohl ihre spirituellen als auch ihre okkulten Nuancen gingen im Bestreben, diesem Forschungszweig Anerkennung zu verschaffen, verloren. Der Gedanke, die Labordaten könnten das Ergebnis eines Betrugs oder einer Verschwörung sein (was den Zweiflern glaubwürdiger erschien als die ASW), nahm lächerliche Formen an, als die Anzahl hervorragender Forscher, die sich den Rhines anschloß, sprunghaft anstieg.

Die endgültige Anerkennung durch das wissenschaftliche Establishment wurde der Parapsychologie 1969 zuteil, als die angesehene *American Association for the Advancement of Science* (Amerikanische Gesellschaft zur Förderung der Wissenschaft) die *Parapsychological Association* (Parapsychologische Gesellschaft) als Mitgliedorganisation aufnahm. Nachdem zuvor zwei Aufnahmegesuche abgelehnt worden waren, signalisierte dies die veränderte Haltung gegenüber der Parapsychologie.

Während mich die Forscher der Parapsychologie beeindruckten, enttäuschten mich viele Menschen mit einer parapsychologischen Begabung sehr. Obwohl andere Menschen auf die Genauigkeit ihrer parapsychologischen ›Lesungen‹ schworen, blieb ich weiterhin unbeeindruckt, da ihre Versuche, mich zu ›lesen‹, ungenau und viel zu allgemein ausfielen. Anfang 1973 wurde mir allmählich bewußt, daß ich selbst das Hindernis sein könnte – daß meine ursprüngliche Skepsis, gekoppelt mit einem Gefühl der Verachtung und Enttäuschung, das sich stets einstellte, wenn es ihnen nicht gelang, mir zu imponieren, zu ihrer schlechten Leistung beitragen könnte. Angesichts der ermutigenden Atmosphäre einer emotionalen Verbindung, in der sich die Telepathie gewöhnlich ereignet, schien es mir wahrscheinlich zu sein, daß meine Einstellung als Hemmschuh wirkte, daß ich der Erfahrung Grenzen setzte. Ich las John Lillys Autobiographie, *Das Zentrum des Zyklons*[1] und war von einem seiner Gedanken, den ich folgendermaßen umschreiben möchte, stark beeindruckt: Wir müssen unsere eigenen, uns einschränkenden Meinungen transzendieren, damit wir über sie hinauswachsen, oder damit wir jene Erfahrungen machen können, die uns ein Wachstum ermöglichen.

Dies ist es, was in der Psychotherapie geschieht. Die Menschen suchen einen Therapeuten auf, wenn irgend etwas in ihrem Leben nicht rund läuft, wenn ihre Bemühungen, eine Antwort oder eine Lösung zu finden oder ihre Situation zu verbessern, gescheitert sind. In einer solchen Stimmung der Niedergeschlagenheit sind ihre festgefahrenen Ansichten über sich oder ihre Situation nicht länger unverrückbar fixiert, weshalb solche Menschen nun für eine Veränderung zugänglich sind. Häufig sind sie durch überkritische oder ablehnende Eltern so programmiert worden, daß sie ein eingeschränktes oder negatives Selbstbild haben oder gegenüber anderen argwöhnisch oder mißtrauisch sind. In der therapeutischen Situation können sie ihre alten Ansichten kritisch überprüfen und vorübergehend beiseite legen, während sie neue Wege, sich selbst und andere wahrzunehmen, sowie ein anderes Verhalten ausprobieren. Damit Wachstum möglich ist, *müssen die geistigen Beschränkungen, die uns behindern, transzendiert werden.*

Ausgehend von diesen Überlegungen schien es mir, daß ich meine herausfordernde, kritische Na-dann-zeig-mal-was-du-kannst-Haltung vorübergehend *aufgeben* müßte. Ich dachte, es wäre ideal, wenn ich bei meiner nächsten Begegnung mit einem parapsychisch begabten Menschen in einer empfänglichen Stimmung wäre und ihm Erfolg wünschte. Ich beschloß, diese neue Einstellung bei der nächsten passenden Gelegenheit auszuprobieren, das heißt, ich würde beim nächsten Interview, das Jim mit einem Medium durchführen würde, zugegen sein.

Der nächste Interviewpartner, den ich zu jenem Zeitpunkt noch nicht kannte, sollte Uri Geller sein. Synchronistischerweise ergab sich die Möglichkeit, dem beeindruckendsten Medium jener Zeit zu begegnen, unmittelbar nachdem ich meine innere Haltung geändert hatte. Geller, ein sensibler, gutaussehender junger Israeli, kann mit seiner Geisteskraft Gegenstände bewußt verändern sowie auf telepathischem und hellseherischem Weg Eindrücke empfangen.

Jim interviewte ihn in seinem Zimmer im Holiday Inn in San Francisco. Zwei Wissenschaftler vom Stanford-Forschungsinstitut sowie fast alle Mitarbeiter des Magazins waren anwesend. Um uns die Psychokinese (PK) vorzuführen, oder mit anderen Worten, um zu beweisen, daß der Geist die Materie beherrscht, schlug Uri Geller uns vor, er würde versuchen, den Zimmerschlüssel zu verbiegen, indem er sanft über das Metall streiche und es kraft seines Willens verforme. Der Schlüssel verbog sich vor unseren Augen. Dann legte Jim ihn auf ein Papier und zeichnete den Winkel der Krümmung nach. Der Schlüssel lag auf dem Kaffeetisch und wurde weder von Geller noch von sonst jemandem berührt, während wir ihn alle beobachteten. Als wir ihn erneut überprüften, war die Verkrümmung ausgeprägter – der Metallschlüssel hatte sich noch weiter gebogen.

Geller demonstrierte das, was die Parapsychologen in den Laboratorien statistisch bewiesen hatten – daß der Geist die Materie (auf eine heute noch ungeklärte Weise) beeinflussen kann. Für mich war es eine bedeutsame Koinzidenz, daß ich, kaum hatte ich meine Skepsis über Bord geworfen, die Gelegenheit bekam, diesem Experiment als Augenzeugin beizuwohnen. Einmal mehr hatte ich eine Erfahrung gemacht, die meinen Glauben an das bereits erwähnte Prinzip bestätigte, nämlich: Wenn der Schüler bereit ist, zeigt sich der Meister. Die Bereitschaft besteht in einer veränderten inneren Haltung, worauf, ›zufälligerweise‹, ein sinngemäßes äußeres Ereignis eintritt.

Wenn Geller versucht, einen Schlüssel zu verbiegen oder eine kaputte Uhr zu reparieren, indem er sich geistig darauf konzentriert, oder wenn ein von einer Glückssträhne erfaßter Spieler in Las Vegas einen ›Riecher‹ hat und ›weiß‹, wie die Würfel fallen werden, oder wenn eine Versuchsperson im Laboratorium versucht, den Gegenstand der Untersuchung – sei es eine Maschine, die Würfel wirft, sei es ein Magnetometer, das magnetische Feldstärken und den Erdmagnetismus mißt – zu beeinflussen, so ist das bei allen nichts anderes als ein *bewußter* Versuch, die Psychokinese zu demonstrieren oder den Beweis zu erbringen, daß der Geist die Materie beherrscht.

Die *unbewußte* Beeinflussung der Materie durch den Geist ist ebenfalls ein interessantes Gebiet. Hierzu gehört zum Beispiel das Poltergeist-Phänomen – ein beliebtes Thema für Zeitungsreporter. Ereignen sich in einem Haus merkwürdige und unerklärliche Vorfälle, so bringen wir sie gern mit Poltergeistern in Zusammenhang: Gegenstände bewegen sich von selbst, fliegen durch die Luft oder legen ein noch seltsameres Verhalten an den Tag. In parapsychologischen Kreisen verwendet man für dieses Phänomen die wissenschaftlichere Bezeichnung ›wiederholte spontane Psychokinese‹. Untersuchungen zum Poltergeist-Phänomen werden hauptsächlich von deutschen Forschern durchgeführt. Der Psychiater Hans Bender, der bedeutendste Parapsychologe Deutschlands, und sein Forscherteam haben am Institut für Grenzgebiete der Psychologie an der Universität Freiburg i. Br. Fälle untersucht, die zu den bestdokumentierten auf diesem Gebiet gehören. Sie beobachteten überwältigende und völlig ungewöhnliche Ereignisse – Gegenstände, die Mauern, abgeschlossene Schränke und Kisten durchdrangen, Dinge, die offenbar teleportiert, und Stromleitungen, die unterbrochen wurden; es traten auch gewöhnlichere Phänomene auf, wie zum Beispiel Gegenstände, die durch die Luft flogen. Bender stellte fest, daß in einem solchen ›Spukhaus‹ fast immer ein Jugendlicher zugegen war, der sich in einem inneren Aufruhr befand. Alan Vaughan, ein ehemaliger Redakteur des *Psychic*-Magazins, der eine Zeitlang bei Bender weilte, berichtet:

Bender, der den Theorien des berühmten Schweizer Psychologen C. G. Jung zustimmt, vertritt die Auffassung, daß die Psyche und die Materie ›untrennbar miteinander verbunden zu sein scheinen, und daß ein innerpsychischer Zustand und ein außerphysisches Ereignis miteinander verschmelzen können‹, wobei bei einigen wenigen Jugendlichen diese Verschmelzung zu einem Poltergeist-Phänomen führt.[2]

Bewirkt das Poltergeist-Phänomen, daß Gegenstände zerbrechen oder sich bewegen oder daß es zu einem vorübergehenden Stromausfall kommt, so handelt es sich um eine Art der Synchronizität, bei der die äußere Situation den inneren Konflikt des betreffenden Jugendlichen auszudrücken scheint, den er verdrängt und der seine Innenwelt in Verwirrung bringt. (Ich habe mich gefragt, ob der spezifische Gegenstand, der durch die Luft fliegt oder sich in einem anderen Raum materialisiert, oder der umkippt, zu Boden fällt und zerbricht oder die Stromunterbrechung für den betreffenden Jugendlichen eine symbolische Bedeutung aufweisen. Es ist eine Spekulation, da in dieser Richtung noch keine Untersuchungen angestellt wurden, und es würde mich freuen, wenn sich eines Tages jemand damit befassen würde.)

Vorfälle, bei denen der menschliche Geist auf die Materie einwirkt, sie beeinflußt oder diese auf ihn zu reagieren scheint, implizieren, daß eine nachweisbare Verbindung zwischen unserem Geist oder unseren Emotionen und dem physischen Universum besteht. Die Mystiker des Ostens nennen dies Tao, Jung nannte es das *kollektive Unbewußte* und *Synchronizität.*

Ein weiteres Gebiet der Parapsychologie ist die Außersinnliche Wahrnehmung (ASW), die die *Telepathie,* die unmittelbare Gedankenübertragung, das *Hellsehen,* die Fähigkeit, ohne Zuhilfenahme der fünf Sinne ein Ereignis, das in der Außenwelt stattfindet, zu sehen oder davon zu wissen, und die *Präkognition*, das Wissen von künftigen Ereignissen, umfaßt. Jung betrachtete all diese Phänomene als Beispiele für eine bedeutsame Koinzidenz zwischen einem Menschen und einem Ereignis, bei der die emotionale oder symbolische Verbindung nicht durch das Prinzip von Ursache und Wirkung erklärt werden kann.

In Situationen, in denen die ASW spontan geschieht und die Information bewußt empfangen wird, existiert gewöhnlich eine emotionale Verbindung. Sogar bei den unpersönlichen, im Laboratorium durchgeführten Rateversuchen sind die Emotionen ausschlaggebend – in diesem Fall die gefühlsmäßige Beteiligung am Experiment. Rhine stellte bei Versuchspersonen mit einer ausgeprägten parapsychischen Begabung stets einen Ermüdungseffekt fest: Zu Beginn, wenn das Interesse noch groß ist, werden bedeutend bessere Resultate erzielt als in einem späteren Stadium, wenn aufgrund der sich ständig wiederholenden Experimente Langeweile oder Desinteresse aufkommt.

Frau Dr. Gertrude Schmeidler, Professorin am City College in New York, begann die ASW zu erforschen, während sie in einem Forschungsteam an der Harvard-Universität arbeitete. Ihr erstes Experiment ist zum Klassiker auf diesem Gebiet geworden. Sie unterteilte die Versuchspersonen gemäß ihrer Einstellung zur außersinnlichen Wahrnehmung in die ›Schafe‹, die an die ASW glaubten, und die ›Böcke‹, die nicht daran glaubten. Sie stellte fest, daß die Schafe durchweg bessere Resultate als die Böcke erzielten, die unter der Zufallserwartung abschnitten.[3]

Bei den Experimenten von Schmeidler und Rhine wird die Versuchsperson mit einer Aufgabe konfrontiert, die ihrem bewußten Ich unmöglich erscheinen muß. Stellen

Sie sich folgende Situation vor: Sie werden gebeten, eine Auswahl von Symbolen zu treffen und diese Symbole nach einer bereits bestehenden, Ihnen jedoch nicht zugänglichen Liste zu ordnen. Sollte Ihnen diese Aufgabe nicht schwierig genug vorkommen, so stellen Sie sich noch die folgende Testsituation vor: Sie treffen wiederum eine Auswahl von Symbolen und versuchen, diese nach einer Liste zu ordnen, die erst in Zukunft bestimmt wird und in dem Augenblick, in dem Sie den Test machen, noch nicht einmal existiert. Solche Aufgaben werfen die Fragen auf: Wie kann man so etwas wissen? Wie kann man das Unmögliche tun?

Die Schafe nehmen die Aufgabe optimistisch und im Vertrauen darauf, daß die ASW auch unter solchen Bedingungen möglich ist, in Angriff und gehen voller Hoffnung an die Sache heran. Die Böcke hingegen, die nicht an die ASW glauben, finden sich durch die ›Unmöglichkeit der Aufgabe‹ in ihrem Skeptizismus bestätigt.

In einem Manuskript von Ira Progoff, das Jung mit Anmerkungen versah, verglich er die ASW-Situation mit Mythen, in denen der Held sich einer unmöglichen Situation gegenübersieht:

> Entweder zweifelt die Versuchsperson an der Möglichkeit, etwas zu wissen, was sie nicht wissen kann, oder sie hofft, daß dies möglich ist und daß das Wunder geschieht. Auf jeden Fall befindet sich die mit einer anscheinend unmöglichen Aufgabe konfrontierte Versuchsperson in jener so häufig in Mythen und Märchen eintretenden archetypischen Situation, wo die einzig mögliche Lösung durch göttliches Eingreifen, das heißt durch ein Wunder, herbeigeführt wird.[4]

Wird diese unmögliche ASW-Aufgabe in hoffnungsvoller Erwartung und mit voller geistiger Konzentration angegangen, so evoziert die Versuchsperson das, was Jung die »Bereitschaft, ein Wunder zu erleben«[5] genannt hat. In dieser erwartungsvollen Haltung kann das Wunder eintreten; ist dies der Fall, so sind die ASW-Ereignisse sehr positiv.

Beten erzeugt denselben psychischen Zustand hoffnungsvoller Erwartung. Wenn ein Mensch das *I Ging* aufrichtig befragt, weil er eine Antwort oder einen Rat für etwas benötigt, das ihm große Sorgen macht und das ihn sehr beschäftigt, und weil er Hilfe in irgendeiner Form erwartet, um eine Entscheidung treffen zu können, so befindet er sich in einem ähnlichen Zustand erwartungsvoller Konzentration; das Hexagramm, das er in diesem Fall erhält, wird höchstwahrscheinlich sehr zutreffend sein. Wenn wir in einem solchen Geisteszustand vor dem Zubettgehen um einen hilfreichen Traum bitten, so stellen sich oft Träume ein, die eine symbolische Antwort auf eine scheinbar unlösbare psychologische Situation geben können. In diesen Fällen hat der betreffende Mensch sich eingestanden, daß sein Ich keine Antwort weiß – entweder, weil dies, wie im Fall der ASW, die Fähigkeiten oder Möglichkeiten des Ich übersteigt oder weil das Ich sich in einem Konflikt befindet und nicht entscheiden kann, was es tun soll –, und er bittet um Führung durch etwas Höheres als das Ich, da er eingesehen hat, daß sich das Ich in einer Sackgasse befindet.

Die Erwartung, daß es irgend etwas jenseits des Ich gibt, gründet in der allgemeinen Erfahrung von irgend etwas, das größer ist als das Ich. Dies ist die Erfahrung des kollektiven Unbewußten oder der Macht der archetypischen Schicht, die jenes Etwas, das größer ist, intuitiv und unmittelbar erfaßt: Man weiß die Antwort, man weiß, daß es Gott gibt, man erfährt das Tao.

Um diese Erfahrung machen zu können, müssen wir sensitiv sein. Das bewußte Einnehmen einer Haltung der hoffnungsvollen Erwartung ist *eine* Art, die archetypische Ebene des kollektiven Unbewußten zu konstellieren. Dies könnte eine der Bedeutungen der Aussage in Matthäus 7,7 sein: »Bittet, und es wird euch gegeben werden. Suchet, und ihr werdet finden. Klopfet an, und es wird euch aufgetan werden.« In den Märchen und Mythen macht sich der Held oder die Heldin in einer hoffnungsvollen Geisteshaltung auf die Suche. Voller Mut, Ausdauer und oft Naivität oder Unschuld gerät sie oder er in eine unmögliche Situation, wobei im entscheidenden Augenblick unerwarteterweise Hilfe geboten oder auf magische Weise eingegriffen wird.

Es mag sein, daß unsere Lebensreise nach einem solchen Muster verläuft. Wenn wir in der hoffnungsvollen Annahme leben, daß das, was wir aus unserem Leben machen, wichtig und sinnvoll ist, und uns in unseren Handlungen von Integrität, Hoffnung, Mut und Mitgefühl leiten lassen, wird uns, wenn wir uns in Schwierigkeiten befinden, durch ›göttliches Eingreifen‹ eine Antwort vermittelt. Das ›göttliche Eingreifen‹ kann viele Formen annehmen und bedeuten, daß der Zugang zum kollektiven Unbewußten sich uns durch unsere Haltung der Bewußtheit eröffnet hat. Eine kreative Lösung mag in unserem Geist aufsteigen, oder eine verblüffende Synchronizität, die das Problem löst, ereignet sich, oder ein Traum kann eine Anweisung erteilen, oder die Antwort kann sich in der Meditation einstellen; dies alles sind Formen des ›göttlichen Eingreifens‹, das sowohl innerhalb eines religiösen Rahmens als auch ohne jeglichen religiösen Bezug erfahren werden kann. Wenn dies geschieht, macht der betreffende Mensch eine archetypische Erfahrung, die mit einer intuitiven Einsicht, einer kreativen Lösung, einem synchronistischen Ereignis oder einer Gotteserfahrung gekoppelt ist. Gewöhnlich geht ein Gefühl der Gnade oder der Freude mit dieser Erfahrung einher.

Freude ist das Gefühl, das der Künstler, Gelehrte oder Erfinder im Augenblick des Schaffens empfindet. Freude geht mit jeder Erfahrung der Transzendenz einher, bei der das Ich etwas erfährt, das größer als es selbst ist. Die Freude stellt sich stets dann ein, wenn etwas Neues entsteht. Sie ist zugegen, wenn wir in einem Zustand der erhöhten Bewußtheit unser Potential verwirklichen, und ist immer da, wenn wir das Tao intuitiv erfahren. Werden hingegen Beweise zusammengetragen, um etwas wissenschaftlich zu beweisen, so ist Freude nicht die vorherrschende Stimmung. In diesem Fall stellt sich eher ein Gefühl der Befriedigung oder der Genugtuung ein, wenn die Beweise zur Untermauerung einer Hypothese sich häufen. Dies trifft auch dann zu, wenn die Forschungsergebnisse auf eine Auffassung von der Wirklichkeit hinzuweisen scheinen, die eine auffallende Ähnlichkeit mit der mystischen Vorstellung des Tao aufweist.

Forschungen auf dem Gebiet der Präkognition scheinen die Vermutung zu bestätigen, daß die Zeit ewig und die lineare Zeit eine Illusion ist; obwohl wir das Leben gewöhnlich nur in der Gegenwart erfahren, kann aufgrund der Präkognition geschlossen werden, daß Gegenwart und Zukunft gleichzeitig existieren können. Bis heute hat die Telepathie-Forschung nicht bewiesen, daß die telepathische Fähigkeit mit zunehmender räumlicher Distanz abnimmt, weshalb der Raum, so wie wir ihn messen, als Barriere nicht in Frage kommt. Die Telepathie und das Hellsehen funktionieren auch dann noch, wenn die Versuchspersonen in bleiverkleideten Faradayschen Käfigen untergebracht sind, was den Schluß zuläßt, daß ein solches Bewußtsein nicht auf elektromagnetische Energie oder auf irgendein der uns bekannten ›kausalen‹ Übertragungsmittel angewiesen ist. Wenn Materie eine andere Materie durchdringen kann, wie dies aus Untersuchungen über das Poltergeist-Phänomen hervorgeht, und wenn der Geist die Materie beeinflussen kann, wie dies bei den Psychokinese-Experimenten der Fall ist, dann scheinen alle herkömmlichen Gesetze in bezug auf die Materie, die Energie und die Zeit keine Gültigkeit zu haben.

Der einzige beständige Faktor, der bis heute bei der außersinnlichen Wahrnehmung und der Psychokinese festgestellt wurde, ist der psychologische Faktor. Die mit der zunehmenden Dauer des Experiments abnehmende Erfolgsquote scheint ihren Grund in der emotionalen Beteiligung der Versuchsperson zu haben. Bei spontan auftretenden telepathischen oder hellseherischen Phänomenen stehen Menschen in Zusammenhang mit Menschen oder Situationen, die sie emotional berühren. Poltergeist-Phänomene oder Glückssträhnen beim Würfeln scheinen auf einen veränderten psychologischen Zustand zurückzuführen zu sein. Da die emotionale Beteiligung des betreffenden Menschen der gemeinsame Nenner sämtlicher ASW- und PK-Ereignisse und die Voraussetzung dafür ist, fallen sie alle unter die Kategorie der Synchronizität – bei der zwischen einem Ereignis oder einer Situation und einem daran beteiligten Menschen, der das Ereignis als bedeutsam betrachtet, eine Beziehung besteht.

Jedes Forschungsergebnis der Parapsychologie und jedes neue außersinnliche Ereignis ist ein weiterer Stein im riesigen Puzzle der Synchronizität, doch das Bild ist noch lange nicht vollständig, und die meisten Teile scheinen noch zu fehlen. Wir haben noch nicht einmal die Randsteine des Puzzles gefunden. Was wir haben, ist jedoch von Bedeutung, da es das subjektive Element des Geistes und der Emotionen mit dem physischen Universum verbindet und beweist, daß wir, aufgrund irgendeiner unsichtbaren Verbindung oder irgendeiner unbekannten Energie in uns, mit anderen Menschen und entfernten Ereignissen in einem Zusammenhang stehen und daß diese Verbindung oder Energie die Materie beeinflußt.

Auch die theoretische Physik trägt zur Vervollständigung dieses wissenschaftlichen Bildes bei: Seit sich die äußerst respektable, objektive Wissenschaft dem subatomaren Bereich zugewandt hat, in der die Quanten- und die Relativitätstheorie experimentell bewiesen wurde, haben Nobelpreisträger aus Ost und West eine Wirklichkeit beschrieben, die sich zunehmend der östlichen des Tao annähert. Der Physiker Fritjof Capra schlägt in seinem Buch *Das Tao der Physik* eine Brücke zwischen theoretischer Physik und östlicher Mystik. Auch Arthur Koestler (in *Die Wurzeln des Zufalls*) schildert das Auftauchen einer völlig nichtmateriellen Welt, in der die Dinge, die wir gewöhnlich sehen oder berühren, aus Energiemustern bestehen, die sich ständig bewegen und verändern, und es Partikel gibt, die sich in Wellen verwandeln und sich in der Zeit zurückbewegen können, und in der alles Teil eines Tanzes ist, der sich ständig bewegt, in der Raum und Zeit Aspekte eines Kontinuums sind und in der ein allem zugrundeliegendes Muster des Einsseins zu existieren scheint.

Mein einziger Ausflug in die Welt der Physik bestand aus einem kurzen Abstecher, der mir diese Vision eines strukturierten Universums näherbrachte. Als ich vor dem Medizinstudium an der University of California einen Sommerkurs in Physik belegte, begeisterte ich mich für die Theorien der Hilfsassistenten, das heißt der graduierten Physikstudenten, die oben auf dem Berg (am Cyclotron, das sich oberhalb des Campus von Berkeley befindet) arbeiteten. Sie hatten sich für die jüngste Entdekkung des Antiprotons ein wenig mitverantwortlich gefühlt, nach dem geforscht worden war, weil »es einfach existieren muß – da das Universum symmetrisch ist«. Meine Phantasie wurde durch die Vorstellung beflügelt, daß es ein perfektes Gleichgewicht gibt – es war ein wunderbarer und ehrfurchteinflößender Gedanke, daß jedes Atomteilchen sein entsprechendes Anti-Teilchen hat. Die intuitive Ahnung, die in mir aufstieg, als ich den Sternenhimmel betrachtete, wurde irgendwie durch das der theoretischen Physik zugrundeliegende Konzept der Symmetrie bestätigt; beide beziehen sich auf ein strukturiertes, sich bewegendes, sinnvolles Universum, von dem ich ein Teil bin. Arthur Koestler schreibt:

> Seit der Entdeckung der Anti-Elektronen haben die Physiker zu jedem bekannten Teilchen das entsprechende Anti-Teilchen gefunden oder in ihren Laboratorien hergestellt. Die heute bekannten fünfzig Elementarteilchen und ihre fünfzig ›Antis‹ sind in jeder Hinsicht gleich, mit der Ausnahme, daß sie entgegengesetzte elektrische Ladungen, magnetische Momente und entgegengesetzte ›Spins‹- und ›Strangeness‹-Werte aufweisen.[6]

Die Vorstellung eines symmetrischen Universums berührte mich tief – es war das erste Mal, daß ich von einer Idee und nicht von einem Gefühl tief ergriffen wurde. Inspiriert von dieser Vision, schrieb ich mich für Mathematik und Physik ein – nur um diese Fächer wieder aufzugeben, als ich feststellen mußte, daß ich aufgrund meiner Intuition eine Studienrichtung ausgewählt hatte, für die mir jegliche Begabung fehlte. Doch der eine kurze Einblick in diese Materie, der nur eine andere Form der Annäherung an das Tao war, blieb in meinem Gedächtnis haften.

Wolfgang Pauli, der eines der wichtigsten Prinzipien der modernen Physik entwickelte – das Paulische Ausschließungsprinzip, ein mathematisches Symmetrieprinzip –, vertrat die Meinung, die parapsychologischen Phänomene, einschließlich der offensichtlichen Koinzidenzen, seien die sichtbaren Spuren eines allem zugrundeliegenden, nicht aufspürbaren Prinzips im Universum. Gemäß Arthur Koestler war dies die Grundlage für Paulis Zusammenarbeit mit Jung, bei der »Jung Pauli sozusagen als seinen Tutor für die moderne Physik [benutzte]«.[7] Aus dieser Zusammenarbeit gingen zwei Publikationen hervor. Pauli schrieb eine Monographie mit dem Titel *Der Einfluß archetypischer Vorstellungen auf die Bildung naturwissenschaftlicher Theorien bei Kepler*[8], eine Untersuchung über die Entstehung der Wissenschaft aus der Mystik, dargelegt am Beispiel von Johannes Kepler, Mystiker und Begründer der modernen Astronomie. Jung gab seiner Abhandlung den Titel: *Synchronizität als ein Prinzip akausaler Zusammenhänge.*[9] Ihre gemeinsam veröffentlichten Schriften verbanden auf symbolische Weise die Physik mit der Psychologie. Diese Abhandlung, in der Jung postulierte, die Synchronizität sei ein ebenso wichtiges Prinzip wie die Kausalität, und in der er diesen Begriff in die Psychologie einbrachte, stellt seine definitiven Ausführungen zur Synchronizität dar.

Mit der Idee der Synchronizität reichte die Psychologie der Parapsychologie und der theoretischen Physik die Hand, da sie sich eines allem zugrundeliegenden ›Etwas‹ gewahr wurde, das eine Ähnlichkeit mit dem aufwies, was die Mystiker seit jeher gesehen hatten. Das wichtige Element, das bei der Synchronizität noch hinzukommt, ist die Dimension des persönlichen Sinns, der das bestätigt, was der betreffende Mensch in der unmittelbaren Erfahrung der Synchronizität intuitiv spürt. Theorien und Laborexperimente legen zwar die Idee einer allem zugrundeliegenden unsichtbaren Verbindung nahe, wonach im Universum alles mit allem in Beziehung steht, doch wenn es sich um eine intuitive Erfahrung handelt, kommt ein *spirituelles* Element hinzu. Vielleicht ist es von allem, was es im Universum gibt, nur der menschlichen Psyche möglich, die allem zugrundeliegende Bedeutung richtig zu erfassen, jener Sinn, der Tao oder Gott genannt wird.

Nur Andeutung ist's und Vermutung,
Andeutung, der Vermutungen folgen; das Übrige aber ist Gebet, Gehorsam, Selbstzucht, Denken und Handeln.[10]

KAPITEL 8

Das Tao – Ein Weg mit Herz

*Das tao als Weg zu einem Leben im Einklang mit dem ewigen Tao * Ein Weg mit Herz * Die Intuition als Führerin * Die innere Reise in den Osten*

Das Herz hat seine Gründe,
die die Vernunft nicht kennt.
Blaise Pascal

Die alten Chinesen machten einen Unterschied zwischen dem metaphysischen, spirituellen Tao der taoistischen Philosophie, dem ewigen, großen Tao, und dem tao des Konfuzianismus, einem ethischen Ideal der Harmonie, wonach die Entwicklung der inneren Weisheit sich im äußeren Tun niederschlagen sollte. Innen ein Weiser, außen ein König – dies war das Ziel der psychischen Entwicklung. Weisheit war eine innere Errungenschaft, das ›Königsein‹ ihr Spiegelbild im äußeren Leben. Der König als Symbolgestalt war ein Mittler zwischen Himmel und Erde, ein tugendhafter, seelisch ganzer und ausgeglichener Mensch. Die beiden Bedeutungen Tao und tao stehen nicht im Widerspruch zueinander. Sie ergänzen und verstärken einander, weil es beim tao darum geht, wie ein Mensch, der das ewige Tao erfährt, sein Leben gestalten kann.

Da die Chinesen davon ausgingen, daß ein allem zugrundeliegendes Tao in einem bestimmten Augenblick alles miteinander verbindet, befragten sie das *I Ging*, um zu erfahren, wie sie sich taogemäß verhalten oder wie sie taogemäß handeln sollten.

Da man eine bestimmte Deutung des *I Ging* erhält, indem man Schafgarbenstengel teilt oder Münzen wirft und das entsprechende Hexagramm nachschlägt, muß, damit zwischen der Deutung und der Situation eine bedeutsame Koinzidenz entsteht, die Synchronizität am Werk sein. Der vom *I Ging* – dessen Kommentare zum Großteil von Konfuzius und seinen Anhängern ausgearbeitet wurden – erteilte Ratschlag strebt ein Ideal an, wonach das äußere Tun in der inneren Weisheit gründen soll.

Das große Tao ist folglich das allem zugrundeliegende Prinzip, auf dem das *I Ging* gründet, und die Synchronizität ist die Manifestation des großen Tao. Das ethische Ideal, wonach es ein tao oder einen ›Weg zu einem Leben‹ im Einklang mit dem großen Tao gibt, ist die philosophische Grundlage.

Um das Tao zu verstehen, ist es hilfreich, die einzelnen Zeichen des chinesischen Pictogramms zu untersuchen. Mai-Mai Sze beschreibt im Buch *The Tao of Painting*[1] das Schriftzeichen für tao – das mit ›Pfad‹, ›Straße‹ oder ›Weg‹ und von Richard Wilhelm mit ›Sinn‹ übersetzt wird – als aus zwei Elementen bestehend, nämlich aus *ch'o* und *shou*. *Ch'o* ist ein komplexes Schriftzeichen, das sich aus ›einem linken Fuß, der einen Schritt macht‹ und aus einem weiteren Symbol, das ›stehenbleiben‹ bedeutet, zusammensetzt. *Shou* heißt ›Kopf‹ und symbolisiert somit auch das Denken. Die Konnotationen dieses Schriftzeichens sind die folgenden: Es handelt sich um ein schrittweises Vorrücken, wobei Pausen zum Nachdenken eingelegt werden, bevor der nächste Schritt getan wird. Überdies impliziert der linke Fuß als Yin-Richtung, daß das tao ein innerer Weg ist.

Da das chinesische Schriftzeichen für tao sich aus einem Symbol für Kopf und einem für Fuß zusammensetzt, versinnbildlicht es überdies die Idee der Ganzheit, die spirituelles Wachstum erfordert. Folglich kann das tao als innerer Weg zur Harmonie zwischen Kopf und Fuß verstanden werden. Das Symbol für Kopf wird zudem mit dem Himmel, der Sonne und der männlichen Yang-Energie assoziiert, während das Symbol für Fuß mit der Erde und der weiblichen Yin-Energie gleichgesetzt wird. Das tao oder dieser Weg entspricht demgemäß auch einer Integration dieser beiden Kräfte, das heißt von Himmel und Erde, männlich und weiblich, Yin und Yang. Das chinesische Schriftzeichen oder das Piktogramm für das tao versinnbildlicht eindeutig einen inneren spirituellen Weg, der bewußt gegangen werden muß.

Dem ewigen Tao kommt ebenfalls die Bedeutung eines Wegs als einer Lebensweise zu, bei der sich die Lebensreise in der bewußten Erkenntnis vollzieht, daß wir Teil eines göttlichen Universums sind. Es ist eine Seinsweise, ein tao, das um das Tao weiß.

Das, was auf der Reise des Lebens für die anderen sichtbar wird, ist der äußere Weg. Die Richtung, die wir einschlagen, unsere Freunde, unser Lebensstil – dies alles ist gut sichtbar. Der innere Weg ist viel weniger augenfällig. Während wir unseren Weg verfolgen, stoßen wir vielleicht in neue Gebiete vor, wirken als Wegbereiter, oder wir befinden uns auf einer vielspurigen Autobahn, auf einem viel benutzten und ausgefahrenen Weg. Wir können der Menge folgen, von anderen gestoßen und gezerrt, oder wir können – sogar inmitten der Menge – bewußt unseren eigenen Weg einschlagen, innehalten und unserer inneren Stimme zuhören und ihr Aufmerksamkeit schenken.

Doch welchen Weg einschlagen? Auf welche Stimmen hören? Welchen Wink befolgen? Es gibt so viele Richtungen, die uns in die Irre führen können, so viel Trubel und Tumult, die, welchen Weg auch immer wir einschlagen, unsere Fähigkeit aushöhlen, uns des ›steten Punkts‹ immer wieder bewußt zu werden. Vielleicht führt der äußere Weg nirgendwohin, und es kommt nur darauf an, daß wir, während wir einen der unzähligen äußeren Wege beschreiten, mit unserem inneren Weg in Fühlung sind.

In *Die Lehren des Don Juan* befaßt sich Carlos Castaneda mit der Frage, welchen Weg wir einschlagen und wie wir ihn auswählen sollen. Don Juans Ratschlag lautete:

> Jedes Ding ist eins von Millionen Wegen *(un camino entre cantidades de caminos)*. Darum mußt du immer daran denken, daß ein Weg nur ein Weg ist. Wenn du fühlst, daß du ihn nicht gehen willst, mußt du ihm unter gar keinen Umständen folgen. Um so viel Klarheit zu haben, mußt du ein diszipliniertes Leben führen. Nur dann wirst du wissen, daß ein Weg nur ein Weg ist, und dann ist es für dich oder für andere keine Schande, ihm nicht zu folgen, wenn es dein Herz dir sagt. Aber deine Entscheidung, auf dem Weg zu bleiben oder ihn zu verlassen, muß frei von Furcht oder Ehrgeiz sein. Sieh dir den Weg genau und aufmerksam an. Versuche ihn, so oft es dir notwendig erscheint.[2]

Don Juan betonte, wie wichtig es ist, sich bewußt zu entscheiden, welchen Weg man einschlagen soll, und riet, der Stimme des Herzens zu folgen (und nicht dem, was einem der Kopf sagt). Die Idee, daß wir ein diszipliniertes Leben führen müssen, um zu einer klaren Entscheidung zu gelangen, entspricht der Idee, daß wir uns anstrengen müssen, um gemäß dem tao zu leben.

Don Juan konfrontierte Castaneda mit der entscheidenden Frage, die wir uns bei der Wahl eines Wegs stellen müssen: »Ist dieser Weg ein Weg mit Herz?« Daraufhin sagte er: »Alle Wege sind gleich: sie führen nirgendwohin. Es gibt Wege, die durch den Busch führen oder in den Busch.«[3] (Das Wesentliche ist, daß wir einen Weg mit Herz einschlagen; das Ziel ist unwesentlich. Don Juan scheint von einem inneren Weg zu reden, der wie das tao ist, und mehr Wert auf den Prozeß als auf das Ziel zu legen.) Dann schilderte er die unterschiedlichen Folgen, die sich aus der Wahl des einen oder des anderen Wegs ergeben:

> Ist es ein Weg mit Herz? Wenn er es ist, ist der Weg gut; wenn er es nicht ist, ist er nutzlos. Beide Wege führen nirgendwohin, aber einer ist der des Herzens, und der andere ist es nicht. Auf einem ist die Reise voller Freude, und solange du ihm folgst, bist du eins mit ihm. Der andere wird dich dein Leben verfluchen lassen. Der eine macht dich stark, der andere schwächt dich.[4]

Um zu wissen, wie wir einen Weg mit Herz wählen sollen, müssen wir lernen, dem inneren Rhythmus des *intuitiven Gefühls* zu folgen. Die Logik kann uns zwar oberflächlich sagen, wohin ein gewisser Weg führen kann, doch kann sie nicht darüber befinden, ob wir mit dem Herzen dabei sind. Es lohnt sich, jede wichtige Wahl, vor die wir im Leben gestellt werden, rational zu prüfen, doch wäre es falsch, unsere Entscheidung nur auf die Vernunft abzustellen. Geht es um die Frage, wen wir heiraten sollen, welche Lebensaufgabe wir übernehmen oder nach welchen Prinzipien wir unser Leben ausrichten wollen, so müssen wir auch mit dem Herzen entscheiden. Dabei kann die Vernunft eine ausgezeichnete Begleiterin oder Helferin sein, aber sie kann nicht wissen oder spüren, was auf nicht greifbare Weise wertvoll und letztlich sinnvoll für uns ist.

Don Juan weist eindringlich darauf hin, wie wichtig es ist, daß wir bei der Wahl eines Wegs frei von Furcht und Ehrgeiz sind, und rät uns, jeden Weg genau und sorgfältig zu prüfen. Das *Tao Te King* sagt zudem, daß wir durch die Vielfalt der oberflächlichen Erscheinungen in Verwirrung geraten oder betäubt werden können:

Die fünf Farben blenden das Auge.
Die fünf Töne betäuben das Ohr.
Die fünf Gewürze stumpfen den Geschmack ab.
Rennen und Jagen machen den Geist verrückt.
Kostbare Dinge führen in die Irre.
Daher läßt sich der Weise von dem leiten, was er spürt,
und nicht von dem, was er sieht.
Jenes läßt er los, dieses erwählt er.[5]

Stehen wir vor wichtigen Entscheidungen, so kann es sein, daß wir uns bei der Wahl unseres Wegs von Ehrgeiz oder Furcht leiten lassen. Wir sollten uns Don Juans Ratschlag zu Herzen nehmen, denn wenn wir uns aus Ehrgeiz oder Furcht für einen Weg entscheiden, finden wir keine Erfüllung. Werden wir von Ehrgeiz angetrieben und streben wir nach Macht oder Prestige, so messen wir unsere Leistungen stets an denen der anderen. Ein solcher Weg ist wie eine Rennbahn: Wir überholen andere und haben hinterher Angst, daß uns dasselbe Schicksal ereilt. Lassen wir uns bei unserer Entscheidung von Furcht leiten, so wählen wir einen Weg, der uns verhältnismäßig sicher erscheint. Dann entscheiden wir uns für eine berufliche Laufbahn, die finanzielle Sicherheit verspricht, oder wir heiraten jemanden, der den gesellschaftlichen Erwartungen entspricht. Indem wir das Risiko, einen Fehler zu machen, umgehen, hoffen wir, von kritischen Bemerkungen verschont zu bleiben. Wenn Furcht oder Ehrgeiz die Triebfeder ist, so wird die Stimme des

Herzens überhaupt nicht berücksichtigt. Folgen wir einem solchen Weg, so werden wir schließlich, wie Don Juan warnend sagt, unser Leben verfluchen.

Auch das *I Ging* betont, wie wichtig es ist, daß wir unsere Entscheidungen mit dem Herzen fällen und uns selbst gegenüber unter allen Umständen ehrlich sind. Es sagt in Hexagramm 29, *Das Abgründige*, unter anderem folgendes:

> So bewirkt die Wahrhaftigkeit in schwierigen Verhältnissen, daß man innerlich im Herzen die Lage durchdringt. Und wenn man einer Situation erst innerlich Herr geworden ist, so wird es von selbst gelingen, daß die äußeren Handlungen von Erfolg begleitet sind.[6]

Überlegen, Nachdenklichkeit und Bewußtheit bedeuten, daß wir, während wir einen Weg beschreiten, zwischen zwei Ereignissen oder Situationen innehalten, um zu erwägen, was wir tun sollen, und um zu entscheiden, welchen Weg wir einschlagen sollen. Schalten wir zwischen irgendeinem Reiz und unserer Reaktion darauf das Bewußtsein ein, so können wir Entscheidungen bewußt fällen, anstatt auf instinktive oder programmierte Weise zu reagieren. Bei jeder Entscheidung befinden wir uns an einer Kreuzung und müssen uns überlegen, welcher Weg ein Weg mit Herz ist und welcher mit Ambitionen oder Ängsten gepflastert sein könnte und vermieden werden sollte.

In *Mut zur Kreativität* spricht Rollo May vom Potential, über das wir verfügen, um uns durch unsere Entscheidungen und die damit einhergehende Verantwortung selbst zu erschaffen.

> Für den Menschen ist Mut nötig, um *Sein* und *Werden* zu ermöglichen. Selbstbehauptung und Engagement

sind essentiell, wenn das Selbst eine Realität haben soll. Dies ist der Unterschied zwischen dem Menschen und der übrigen Natur. Die Eichel wird durch selbsttätiges Wachstum zur Eiche; dazu ist kein Engagement nötig. In ähnlicher Weise wächst das Kätzchen, von seinen Instinkten geleitet, zur Katze heran. *Natur* und *Sein* sind bei Geschöpfen wie diesen identisch. Aber Mann und Frau werden nur durch ihre Entscheidungen, durch ihre existentielle Wahl und ihr Engagement für diese vollends zu Menschen. Menschen erlangen Wert und Würde durch die unzähligen Entscheidungen, die sie Tag für Tag treffen.[7]

Wer einen Weg mit Herz wählt, ein Gefühl der Ganzheit entwickelt, Entscheidungen trifft, die zu höherer Bewußtheit führen, dabei ist, ein ganzer Mensch zu werden, ist, psychologisch ausgedrückt, mit dem Archetypus des Selbst in Fühlung. In diesem Fall handeln wir in Übereinstimmung mit dem Tao – denn dann gründen unsere Entscheidungen in der Liebe und der Überzeugung, daß die Liebe der beste innere Kompaß ist.

Praktisch jeder Mensch erfährt irgendwann in seinem Leben das Selbst in der einen oder anderen Form und weiß intuitiv, daß Liebe und Weisheit wirklich existieren. Meist fällt ein solches Erlebnis in die Jugendzeit, da wir in dieser Phase unseres Lebens offener sind und mehr Vertrauen haben. Doch im Lauf unseres Lebens kommen wir noch ab und zu mit dem Selbst in Berührung. Das Problem liegt nicht darin, *es* eines Tages zu *finden,* sondern darin, sich des Selbst bewußt zu bleiben, wenn man es einmal erfahren hat.

Hermann Hesses Erzählung *Morgenlandfahrt* handelt von einem Mann, der einmal mit einer Gruppe von Männern, der ›Bund‹ genannt, eine einmalige und wunderbare Reise unternahm: »Unser Morgenland war ja nicht nur ein Land und etwas Geographisches, sondern es war die Heimat und Jugend der Seele, es war das Überall und Nirgends, war das Einswerden aller Zeiten.«[8] Die Pilgerfahrt ins Morgenland war sowohl ein persönliches Abenteuer des Erzählers als auch eine Bewegung von »Gläubigen und sich Hingebenden ..., eine Welle im ewigen Strom der Seelen, im ewigen Heimwärtsstreben der Geister nach Morgen, nach der Heimat.«[9] Der Erzähler verlor daraufhin den Kontakt zu seinen Begleitern und wandte sich vom Bund ab. Er führte ein leeres und sinnloses Leben, da er vom Weg abgekommen war und da er, weil er nichts mehr vom Bund wußte, angenommen hatte, er existiere nicht mehr, obwohl er natürlich weiterbestanden hatte und für alle Zeiten weiterbestehen würde. Die *Morgenlandfahrt,* die ein autobiographisches Werk Hesses sein könnte, ist eine Analogie für das Leben zahlreicher Menschen, die früher einmal einem intuitiven Gefühl vertrauten, die wußten, daß ein Weg mit Herz existiert, die in Berührung mit dem allem zugrundeliegenden Tao waren, und die später, aufgrund ihrer zynischen und rationalistischen Haltung proklamierten: Gott ist tot – obwohl es sich bei dem, was tot war, um ihre Seele handelte.

Doch es ist möglich, den verlorenen ›Bund‹ wiederzufinden, auf den Weg mit Herz zurückzukehren oder den Zugang zum kollektiven Unbewußten und zum Archetypus des Selbst erneut zu finden, sofern wir diese Werte hochhalten und danach streben. Um wieder auf den Weg mit Herz zu kommen, können wir verschiedene Wege einschlagen. Zum Beispiel können wir uns das ins Gedächtnis zurückrufen, was wir früher einmal erfahren haben, eine Zeitlang darüber nachdenken und bei den Einzelheiten und der Erinnerung verweilen. Dieser Weg ist eine Art Meditation. Dann können wir die Erfahrung des Tao oder die Erfahrung des Selbst oder die Gotteserfahrung – oder wie wir sie auch immer nennen mögen – innerlich immer wieder erleben. Möglicherweise ist dieses Erlebnis nicht so bewegend oder so tief wie das ursprüngliche, spontane, mystische Geschehen, doch die Erinnerung daran läßt Gefühle und eine innere Wärme aufsteigen, und wir entsinnen uns wieder unserer spirituellen Werte. Die Meditation, das Sicherinnern an eine mystische Erfahrung oder das Gebet ist Nahrung für unsere Psyche, ein Mittel, um etwas von großem innerem Wert zu erneuern und uns dessen erneut zu versichern.

Wir können auch versuchen, wieder mit der Tao-Erfahrung in Berührung zu kommen und sie zu erneuern, indem wir Orte aufsuchen oder uns einer Beschäftigung hingeben, bei der sich die Erfahrung mit großer Wahrscheinlichkeit einstellt. Gewisse Menschen können durch das Beten in einer Kathedrale oder in einer Kapelle Zugang zu ihr finden. Andere müssen sich vielleicht Zeit nehmen, um in die freie Natur hinauszugehen – um in den Bergen zu klettern, mit dem Rucksack die Wildnis zu erforschen, den Strand entlangzuschlendern oder um im Wald zu sitzen. Auch durch eine kreative Tätigkeit in der Abgeschiedenheit, durch Malen, Gedichteschreiben oder Flötespielen können manche Menschen eine spirituelle Quelle neu erschließen. Ein weiterer Weg ist das Musikhören, denn eine bestimmte Art Musik berührt uns auf einer tiefen Ebene und kann uns *wieder-beseelen.*

All diese Wege verlangen von uns, daß wir uns aus der unbarmherzigen Tretmühle jener vielfältigen Tätigkeiten, die unser Leben oft völlig ausfüllen und uns innerlich leer lassen, zurückziehen. Wenn wir auf unserer Lebensreise dem inneren Tao-Weg folgen, so müssen wir uns Zeit nehmen, um innezuhalten und nachzudenken und uns spirituell zu erneuern. Spirituelle Erneuerung, emotionale Nahrung, der Zugang zur inneren Quelle, ein Empfinden des Einsseins mit der Natur oder der Verbundenheit mit dem Tao ist dann möglich, wenn wir unsere Gewohnheit, ständig auf die Uhr zu schauen, ablegen und die Zeit auf andere Weise erleben. Wir haben nur ein Wort für *Zeit,* während die alten Griechen über zwei Begriffe verfügten, von denen jeder eine andere Zeiterfahrung und eine andere Zeitqualität ausdrückte. *Kronos* bedeutete soviel wie die zeitliche Abfolge, die meßbare Zeit, die verstreicht. Es ist ein Begriff für unseren geplanten Tagesablauf, in dem wir zur Arbeit gehen müssen, unsere Termine einhalten, für jene Zeit, über die wir Rechenschaft ablegen müssen, die ›Vater-Zeit‹. *Kairos* bedeutete etwas ganz anderes, nämlich *nicht* die *meßbare* Zeit, sondern die Zeit, an der wir *teilhaben;* es ist eine Zeit, die uns so in Anspruch nimmt, daß wir jegliches Zeitgefühl verlieren; eine zeitlose Zeit, Augenblicke, in denen die Zeit stillzustehen scheint, eine nährende, erneuernde Zeit, eine ›Mutter-Zeit‹. *Kairos* herrscht zum Beispiel im Urlaub, wenn wir entspannt sind und uns in der Sonne rekeln, wenn sich die Zeit unseren Bedürfnissen angepaßt zu haben scheint und nur langsam verstreicht, oder wenn wir in das, was wir tun, völlig versunken sind. *Kairos* ist stets dann zugegen, wenn wir einen emotional sinnvollen oder spirituell bedeutsamen Augenblick erleben – eine Zeit, in der wir uns mit dem Selbst, dem Tao, der Liebe, die uns mit anderen verbindet, eins fühlen.

Gelegenheiten, wieder mit den Prioritäten unserer Psyche in Fühlung zu kommen, wiederum Augenblicke der Zeitlosigkeit in der Zeit zu erfahren, sind Aufforderungen zur Umkehr. Träume und synchronistische Ereignisse vermitteln uns immer wieder Botschaften, für die wir offen sein sollten. Wie die christliche Metapher vom Hirten, der das verlorene Schaf sucht, versucht der intuitive, fühlende, spirituelle Aspekt der Psyche, von dem wir abgeschnitten sind, eine Aussöhnung herbeizuführen. Der innere Weg ist wie ein Ruf – die Entscheidung, ihm zu folgen, liegt bei uns.

Ein weiterer Weg, um wieder mit uns selbst in Fühlung zu kommen, besteht darin, daß wir Träumen und synchronistischen Ereignissen Aufmerksamkeit schenken, denn sie treten immer wieder auf, ob wir sie beachten oder nicht. Solange wir ihnen keine Aufmerksamkeit schenken und keinen Versuch unternehmen, uns an sie zu erinnern, entgehen sie uns. Der Talmud äußert sich folgendermaßen dazu: »Ein unbeachteter Traum ist wie ein ungeöffneter Brief.« Jeder Traum und jedes synchronistische Ereignis ist eine Aufforderung an uns, nach innen zu schauen.

Wenn wir einen Weg verfolgen, der unseren inneren Werten und Gefühlen zuwiderläuft, und wir uns in der Folge negativ verändern, ist es ziemlich wahrscheinlich, daß auch unsere Träume negativ sind, das heißt voller unfreundlicher oder feindseliger Gestalten, denen wir uns *nicht* stellen. Ein *negatives* synchronistisches Ereignis übermittelt eine ähnliche Botschaft, die uns zum Nachdenken über unser Tun auffordert. Die *negative* Synchronizität manifestiert sich in gehäuften Koinzidenzen, die das, was wir anstreben, blockieren, erschweren oder vereiteln.

Verfolgen wir hingegen einen Weg mit Herz, so sind unsere Träume gewöhnlich Nahrung für unsere Psyche; sie sind interessant und erfreulich und vermitteln uns oft ein Gefühl des Wohlbefindens. Auf synchronistische Weise scheinen sich uns zufällig Möglichkeiten zu erschließen, die Menschen, denen wir begegnen sollten, laufen uns über den Weg, die Arbeit geht uns leicht von der Hand. Jedes dieser hilfreichen Ereignisse, die wir nicht gesucht haben, löst dann in uns das Gefühl aus, gesegnet zu sein, dient uns als Laterne auf unserem Weg, beleuchtet den Weg mit Herz.

Wenn wir den Weg mit Herz gehen, so ist unsere innere Welt oder unser Ich, dank seiner Verbundenheit mit dem Selbst, von einer reichen Spiritualität erfüllt. Dann sind sowohl unsere innere Welt als auch die äußere Welt von Großmut und Angstfreiheit gekennzeichnet. Auf synchronistische Weise begegnen wir auf unserem Weg Menschen und Dingen, die unsere Reise erleichtern, statt sie zu erschweren. Das damit einhergehende Gefühl der Ganzheit und des Fließens beeinflußt unser Zeitgefühl; es scheint genug Zeit vorhanden zu sein, all das zu tun, wofür wir hier sind; sogar Parkplätze scheinen sich auf synchronistische Weise anzubieten.

Wenn wir uns innerlich an einem *wirklich guten* Ort befinden, scheinen wir nur so dahinzusummen – eine passende Beschreibung für diesen Zustand. Interessanterweise weist das lautmalende ›mmh‹ dieselbe Schwingung auf wie das *Om* im sanskritischen *Om mani padme hum* – möglicherweise das weitverbreitetste Mantra des Ostens. (Ein Mantra ist ein Ton oder eine Redewendung, die immer wieder wiederholt wird, um die Menschen in eine gewisse Harmonie mit dem Universum zu versetzen.) Wenn wir also vor uns hinsummen, ist es, als wären wir uns bewußt, daß wir mit dem dem Universum zugrundeliegenden Muster des Einsseins verbunden sind. Es ist, als wären wir ein Teil des kosmischen Tanzes um den ›steten Punkt‹ und als hörten wir, während wir uns bewegen, das leise Summen der Musik – im Einklang mit dem Tao.

KAPITEL 9

Die Botschaft der Tao-Erfahrung: Wir sind nicht allein

*Die Tao-Erfahrung * Das tiefgreifende Bewußtsein, Teil von etwas zu sein, das weitaus größer ist als wir selbst * Das Reich Gottes * Der Regenmacher und die Rückkehr ins Tao * Die Gralssage * Das Tao als Verbindung zwischen uns und dem Universum*

Beinahe jeder Mensch macht zu irgendeinem Zeitpunkt seines Lebens eine Tao-Erfahrung. Sie kann sich auf einem Berggipfel einstellen, wo wir sie als wunderbares Gefühl des Einsseins mit dem Universum wahrnehmen. Sie kann sich frühmorgens in der Küche ereignen, wenn der Raum und das Herz mit einer unbeschreiblichen Wärme und einem strahlenden Licht erfüllt sind. Oder sie kann an einem einsamen Strand eintreten, wo wir vielleicht ein Fischskelett finden, das genau wie ein Schmetterling aussieht – eine symbolische Gabe des Meeres zu einem Zeitpunkt, wo das Symbol des Schmetterlings dank Kontemplation und Träumen bereits bedeutungsgeladen ist; ein synchronistisches Geschenk, das uns unmittelbar mit einer Woge der Freude und Liebe erfüllt.

Die Tao-Erfahrung vermittelt uns das tiefgreifende Bewußtsein, ein Teil von etwas zu sein, das weitaus größer ist als wir selbst, und daß eine unsichtbare, ewige Wirklichkeit uns liebt und wir mit ihr in Fühlung sind. In jenem zeitlosen Augenblick, in dem wir das Tao erfahren, wissen wir, daß das Tao viel bedeutsamer ist als die greifbare Welt um uns herum und weitaus wichtiger als unsere gewohnten Alltagssorgen. In einem solchen Augenblick scheint alles mit allem auf synchronistische Weise verbunden zu sein, scheint alles mit allem durch einen spirituellen Sinn in einer tiefer gründenden Beziehung zu stehen.

Was wir aufgrund der Tao-Erfahrung intuitiv wissen, ist, daß wir nicht einsame, isolierte, unbedeutende Geschöpfe ohne Sinn und durch Zufall aus organischem Schutt auf einem winzigen Flecken im riesigen Kosmos entstanden sind. Die Tao-Erfahrung vermittelt uns nämlich unmittelbar das Wissen, daß wir mit allen anderen und mit dem Universum durch das allem Zugrundeliegende, das manche Gott nennen, verbunden sind. Durch synchronistische Ereignisse erahnen wir dieses zugrundeliegende Einssein – das ist der Sinn, den uns eine eigentümliche Koinzidenz übermittelt. Die unsichtbare Verbindung ist das, was uns berührt; das synchronistische Ereignis gibt uns zu verstehen, daß wir nicht allein sind.

Nach einer Vorlesung, die ich früher einmal über die Synchronizität gehalten hatte, kam ein Schwarzer zu mir, um mir ein synchronistisches Ereignis zu erzählen, bei dem er diese Art Verbundenheit gespürt hatte. Die Synchronizität hatte sich während des Zweiten Weltkriegs ereignet; er war damals ein junger Kampfflieger, der vorübergehend auf einem abgelegenen Luftwaffenstützpunkt im tiefsten Süden der Vereinigten Staaten ausgebildet wurde. Es war um die Weihnachtszeit, und der Mann fühlte sich einsam und verlassen und vermißte die Wärme, Fröhlichkeit und festliche Stimmung seiner Familienangehörigen in Südkalifornien. Zum erstenmal in seinem Leben erlebte er, als er in die Stadt ging, den gegen schwarze Soldaten gerichteten Rassenhaß, was ihn praktisch zum Gefangenen des Stützpunkts machte. Eines

Abends, als er spazierenging und sich so elend und einsam wie noch nie in seinem Leben fühlte, hörte er plötzlich, daß in der Kapelle gesungen wurde – der Weihnachtschor probte. Er trat in die Kapelle, setzte sich auf eine der hinteren Bänke und lauschte den vertrauten Weihnachtsliedern. Dann stiegen Erinnerungen an seinen Großvater in ihm auf, einen beeindruckenden, liebevollen, fürsorglichen Mann, der Baptistenpfarrer gewesen war, sehr gern gesungen und seinen nicht sonderlich begeisterten Enkel oft mit in die Kirche genommen hatte. Das Kirchenlied, das sein Großvater am liebsten gemocht hatte – es war kein Weihnachtslied – kam ihm wieder in den Sinn: *I Come to the Garden Alone. (Ich komme allein in den Garten.)*

Der Mann erzählte weiter: »Ich vermißte meinen Großvater schrecklich und dachte, es wäre sehr schön, dieses Lied wieder einmal zu hören. Und dann spürte ich aus irgendeinem Grund eine Präsenz und eine Gewißheit. Ich *wußte,* der Chor würde das Lied singen; es schien kaum eine Sekunde verstrichen zu sein, als ich die Worte hörte: ›I come to the garden alone, while the dew is still on the flowers, and He walks with me, and He talks with me, and He tells me I am His own.‹ (Ich komme allein in den Garten, wo der Tau noch auf den Blumen liegt, und Er geht mit mir, und Er spricht zu mir, und Er sagt mir, ich sei Sein eigen.) Meine Augen füllten sich mit Tränen, und ein unsägliches Glücksgefühl, ein Friede, wie ich ihn in meinem ganzen Leben noch nie erfahren hatte, durchströmte mich.« Das synchronistische Ereignis vermittelte ihm das unmittelbare Gefühl, er werde geliebt und sei nicht allein. Er erfuhr jenes Einssein, das so schwierig in Worte zu fassen und zugleich so vollkommen überzeugend ist.

Eine seltsame, bedeutungsvolle Koinzidenz scheint in uns die Bewußtheit eines allem zugrundeliegenden Prinzips nicht-kausaler Zusammenhänge auszulösen, weil die Synchronizität die intuitiv wahrnehmbare spirituelle Wirklichkeit evoziert. Je leichter es uns hingegen fällt, uns spirituell zu verankern und mit dem Tao in Fühlung zu kommen, desto eher stellen sich positive synchronistische Ereignisse ein. Sind wir in Berührung mit dem Tao, so scheinen sich die äußeren Ereignisse *dank* der Synchronizität wie von selbst zu ergeben. Dies ist denn auch die Botschaft der religiösen Lehren sowohl des Ostens als auch des Westens: Suche zuerst die spirituellen Werte; alles Materielle, das du benötigst, wird sich dann einstellen.

In seinen Predigten sprach Jesus vom Reich Gottes, ermahnte die Menschen, nach diesem höchsten Wert zu streben, und sagte, es sei nahe und erreichbar. Das Reich Gottes, eine Metapher, bedeutet, daß eine unmittelbare Erfahrung des liebenden, ewigen Gottes möglich ist. In seinen Lehren über *die Vögel des Himmels* und *die Lilien des Feldes* scheint Jesus meiner Meinung nach zu sagen, daß die Synchronizität die materiellen Bedürfnisse befriedigen wird, wenn man zuerst das Reich Gottes sucht:

> Schaut auf die Vögel des Himmels: sie säen nicht, sie ernten nicht und sammeln nicht in den Scheunen, und euer himmlischer Vater ernährt sie. Seid ihr nicht viel mehr (wert) als sie? Wer aber von euch vermag mit seinen Sorgen seiner (Lebens-)Länge eine einzige Elle hinzufügen? Und was sorget ihr euch wegen der Kleidung? Betrachtet die Lilien des Feldes, wie sie wachsen: sie arbeiten nicht und spinnen nicht. Ich sage euch aber: selbst Salomo in all seiner Pracht war nicht gekleidet wie eine von diesen. Wenn aber Gott das Gras des Feldes, das heute steht und morgen in den Ofen geworfen wird, so kleidet, wieviel mehr euch, ihr Kleingläubigen! Sorget euch also nicht und saget nicht: Was

werden wir essen? oder: Was werden wir trinken? oder: Was werden wir anziehen? ... Euer himmlischer Vater weiß ja, daß ihr das alles braucht. *Suchet vielmehr zuerst das Reich und seine Gerechtigkeit, und all das wird euch dreingegeben werden.*[1]

Für den östlichen Menschen bedeutet ›ins Tao zurückkehren‹ etwas Ähnliches, was für uns ›das Reich Gottes finden‹ heißt. Richard Wilhelm, der in China gelebt hatte, erzählte Jung die Geschichte vom Regenmacher von Kiautschou – eine vortreffliche psychologische Parabel für die Synchronizität und ihre Beziehung zum Tao:

Es herrschte eine große Dürre. Seit Monaten war nicht ein Regentropfen gefallen, und es drohte eine Katastrophe. Die Katholiken hielten Prozessionen ab, die Protestanten beteten, und die Chinesen zündeten Räucherstäbchen an und feuerten Schüsse ab, um die für die Dürre verantwortlichen Dämonen zu verscheuchen, doch vergebens. Schließlich sagten die Chinesen: ›Wir wollen den Regenmacher holen.‹ Ein ausgemergelter alter Mann reiste aus einer anderen Provinz herbei. Alles, was er verlangte, war, daß man ihm irgendwo eine ruhige, kleine Hütte zur Verfügung stelle; dort schloß er sich drei Tage lang ein. Am vierten Tag zogen Wolken am Himmel auf, und ein heftiger Schneesturm brach los, in einer Jahreszeit, da sonst nie Schnee fiel, und es schneite so stark, und in der Stadt verbreiteten sich so viele Gerüchte über den Regenmacher, daß Richard Wilhelm den Mann aufsuchte, um ihn zu fragen, wie er das bewerkstelligt habe. In der typischen Art des Europäers sagte er: ›Sie werden Regenmacher genannt, können Sie mir sagen, wie Sie den Schnee gemacht haben?‹ Und der kleine Chinese sagte: ›Ich habe den Schnee nicht gemacht, ich bin nicht verantwortlich dafür.‹ ›Aber was haben Sie denn in diesen drei Tagen getan?‹ ›Oh, das kann ich Ihnen erklären. Ich komme aus einem anderen Land, wo die Dinge in Ordnung sind. Hier sind die Dinge nicht in Ordnung, sie sind nicht so, wie sie nach den Gesetzen des Himmels sein sollten. Daher ist das ganze Land nicht im Einklang mit dem Tao, und auch ich bin nicht im Einklang mit der natürlichen Ordnung der Dinge, weil ich mich in einem Land befinde, in dem die Ordnung nicht mehr herrscht. Ich mußte also drei Tage warten, *bis ich wieder ins Tao zurückgefunden hatte, und dann kam der Regen von ganz allein.*‹[2]

Der Regenmacher beschrieb das von der Dürre heimgesuchte Land, in das er gereist war, als ein Land, in dem die Ordnung nicht mehr herrschte, und führte die Dürre und das Leiden darauf zurück, daß die Bewohner des Landes nicht im Einklang mit dem Tao waren. Psychologisch betrachtet bedeutet dies für mich, daß das Ich sich in einem Zustand befindet, in dem es der allem zugrundeliegenden Ordnung ermangelt. Befinden wir uns in einem solchen Zustand, herrschen Furcht und Angst vor einem emotionalen oder materiellen Mangel. Aus dem Gefühl, im Augenblick herrsche ein Mangel, und aus der Angst, in Zukunft werde es noch schlimmer, entsteht eine ›Dürre-Mentalität‹, das heißt, jeder wird als potentieller Konkurrent in einem gesetzlosen psychologischen Dschungel betrachtet, der voller feindseliger Gestalten ist und in dem jeder nur auf seinen eigenen Vorteil bedacht ist.

Als der Regenmacher in dieses Land kam, in dem die Ordnung nicht mehr herrschte, zog er sich in eine ruhige, kleine Hütte zurück, schloß sich für drei Tage ein und wartete, bis er wieder ins Tao zurückgefunden hatte, worauf der Regen von ganz allein kam. Psychologisch betrachtet befinden wir uns dann wieder im Einklang mit dem Tao, wenn wir uns erneut als Teil jenes Einsseins erfahren, das allem zugrunde liegt und alles nährt, wenn wir erneut mit dem, was Jung das Selbst nennt, in Fühlung sind und wenn wir die Fülle an Liebe spüren, die wir sowohl geben wie auch empfangen können. Wieder im Tao sein ist eine andere Redewendung für: Ich fühle mich wieder zentriert, ich spüre wieder, daß das Leben einen Sinn hat. Wieder im Tao sein bedeutet: Ich bin optimistisch und vertraue darauf, daß von dem, was ich benötige, genug vorhanden ist. Und dann kam der Regen von ganz allein – das ist das Versprechen des Regenmacher-Prinzips der Synchronizität. Wenn es zutrifft, daß sich die innere Welt aufgrund der Synchronizität in der äußeren Welt spiegelt, so mußte die innere Rückkehr ins Tao zwangsläufig zur Rückkehr des Regens, als Zeichen der Wiederherstellung der natürlichen Ordnung, führen.

Die Parabel vom Regenmacher ist in ihrer Symbolik der Gralssage ähnlich. Auch in der Gralssage geht es um ein verwüstetes Land, ein Ödland, in dem sich das Vieh nicht fortpflanzt, das Getreide nicht reift, Ritter getötet werden, Kinder Waisen sind, junge Frauen weinen und überall getrauert wird. Gemäß der Sage sind die Probleme des Landes auf den verwundeten Fischerkönig zurückzuführen, der ständig leidet, weil seine Wunde nicht heilen will.

Der Gral befindet sich in seinem Schloß, doch der König kann ihn nicht berühren oder durch ihn geheilt werden, bis, gemäß einer Prophezeiung, ein unschuldiger junger Mann an den Hof kommen und die Frage stellen wird: Wem dient der Gral? Der Gral ist die legendäre, von Jesus beim Letzten Abendmahl verwendete Schale und ein Symbol für Christus oder für das Selbst (Christus und das Selbst repräsentieren beide etwas, das größer als der Mensch oder das Ich ist, etwas Göttliches, Spirituelles, Versöhnendes und Sinnvermittelndes).

Könnte der Herrscher des Landes, das Ich, vom Gral

berührt werden und die Spiritualität des Selbst oder den inneren Christus erfahren, so hätte der Gral die Macht, das Ich zu heilen. Würde die Wunde des Königs geheilt, so würde sich – synchronistisch dazu – auch das Land erholen. Freude und Wachstum würden wiederkehren. Die Wunde können wir als Symbol für den Zustand des Ich betrachten, das vom Selbst abgeschnitten ist; wie eine Wunde, die nicht heilen will und die ständig schmerzt, verursacht eine solche Spaltung chronische Angstzustände und Depressionen.

Die Wunde des Fischerkönigs ist das psychologische Problem unserer heutigen Zeit. In einer wettbewerbsorientierten, materialistischen Gesellschaft, die von Zynismus gegenüber spirituellen Werten geprägt ist, die Gott als tot erklärt hat und in der weder das wissenschaftliche noch das psychologische Denken dem Reich des Geistes eine Bedeutung beimißt, fühlt sich der einzelne isoliert und unbedeutend. Mit dem Versuch, die Einsamkeit durch sexuelle Intimität und das Gefühl des Unbedeutendseins durch ein selbstsicheres Auftreten zu überwinden, kann die Wunde nicht geheilt werden. Wenn das Ich abgespalten ist und es das Selbst nicht mehr erfahren kann – oder mit anderen Worten, wenn einem Menschen das innere Gefühl, mit Gott verbunden oder Teil des Tao zu sein, abgeht –, dann leidet es an einer Wunde, die es als nagende, durchdringende, hartnäckige Unsicherheit erfährt. Sämtliche Arten von Abwehrmechanismen, vom Rauchen bis zum Anhäufen von Macht, sind unbefriedigende Bemühungen, um sich besser zu fühlen. Der Narzißmus der Moderne scheint durch das Gefühl der emotionalen und spirituellen Entbehrung, des emotionalen und spirituellen Hungers, die ebenfalls zu dieser Wunde gehören, genährt zu werden. Ein solchermaßen verwundeter Mensch sucht das Ungewöhnliche, die Aufregung, die Macht oder das Prestige, um die mangelnde Freude oder den fehlenden inneren Frieden zu kompensieren. Chronische Wut und Depressionen scheinen sich unmittelbar unter der Oberfläche der Persona, das heißt dem der Welt gezeigten Gesicht, zu verbergen. Auch dies ist eine Folge der Wunde, eine Folge davon, daß das Ich vom Selbst abgespalten ist. Diese Wunde beeinträchtigt die Fähigkeit zu lieben und Liebe anzunehmen. Auf der emotionalen Ebene herrscht Mangel statt Fülle, weshalb zu wenig Raum für Großmut, Mitgefühl, für Ermutigen und Helfen bleibt und die Freude und das Wachstum erstickt werden.

T. S. Eliot beschreibt das emotionale Elend und die Öde, die im Reich des Fischerkönigs herrschen, in seinem Gedicht *Das wüste Land*[3], in dem die Gralssage eines der zentralen Themen darstellt. Dieses Gedicht schildert ein spirituell ödes Land, in dem die Menschen sich in einem Zustand ständiger Dürre befinden, das Leben als trocken – sinnlos und lieblos – erfahren, auf den Regen warten, der nie kommt, und unfähig sind, aus der alles durchdringenden emotionalen Vereinsamung und aus der sinnlosen Geschäftigkeit auszubrechen.

Um das Ödland wieder zum Leben zu erwecken, muß die Wunde des Fischerkönigs geheilt werden. Der König repräsentiert das die Psyche beherrschende psychologische Prinzip, das heißt das, womit das Ich wertet und Entscheidungen fällt. Viele Menschen und sicherlich unsere Kultur insgesamt werden vom Prinzip des Rationalismus oder des wissenschaftlichen Denkens beherrscht. In der Gralssage ist das die Psyche beherrschende Prinzip von der spirituellen Abendmahlsschale, die Heilung und Erneuerung der Lebenskraft bringen würde, abgespalten. Die Wunde, die nicht heilen will, ist die Folge dieser Spaltung, die das Ich seiner für sein Wohlergehen lebenswichtigen Verbundenheit mit der Spiritualität beraubt. Der König, der nicht mehr in Fühlung mit dem Gral ist, symbolisiert das rationalistische, von der Spiritualität abgeschnittene Ich, das vom intuitiven Fühlen abgeschnittene Denken, den hochgradig herzinfarktgefährdeten Menschen, die lineare Persönlichkeit, die von allem abgeschnitten ist, was nicht rational und sinnvermittelnd ist.

Der König kann den Gral so lange nicht berühren oder von ihm geheilt werden, bis ein unschuldiger junger Mann – manchmal als unschuldiger, tumber Jüngling beschrieben – erscheint. Die Wunde des herrschenden Prinzips, in diesem Fall das rationale Denken, bleibt so lange offen und heilt so lange nicht, bis ein neuer Aspekt in der psychologischen Situation auftaucht. Es kann sein, daß nur der junge, naive, unschuldige Aspekt der Psyche – der vom Blickwinkel des weltlichen Denkens aus als Narr betrachtet wird – das Staunen und die Ehrfurcht vor dem Gral, einem Symbol für Christus, erfahren und Fragen zum Sinn stellen kann, was dann zu einer Wiederherstellung der Verbindung zwischen dem Ich und dem Selbst führen kann. Dann kann die innere Landschaft, die sich in ein Ödland oder in eine Wüste verwandelt hatte, wieder zu blühen und grünen beginnen, da die Gefühle und das spirituelle Empfinden, die irrationalen Aspekte, die mit der symbolischen Schicht des Unbewußten in Berührung sind, in die Persönlichkeit eingebracht werden.

Wenn ich darüber nachdenke, wie all die vielen in diesem Buch erwähnten Parabeln, Metaphern, spirituellen Lehren und psychologischen Einsichten zusammenpassen könnten, so steigt die folgende impressionistische und subjektive Vorstellung in mir auf. Mir scheint, daß die christliche Vision Gottes, die östliche Vision des Tao, Jungs Konzept des Selbst und der Synchronizität, die intuitive Art, in der die rechte Gehirnhälfte die Ganzheit wahrnimmt und die Gegensätze einschließt, die Beweise der Parapsychologie, wonach es ein vom Gehirn oder vom Körper losgelöstes Bewußtsein gibt, und die neue

Wirklichkeit, wie sie von der Quantenphysik gesehen wird, alles Aspekte ein und desselben unbeschreibbaren, unsichtbaren, sinnvermittelnden *Etwas* sind. Sie alle sind flüchtige Blicke von verschiedenen Warten aus – sie alle vermitteln ein anderes Bild, das wahr, aber unvollständig ist. Wie die sechs Blinden, die tastend nach der Wirklichkeit des Elefanten suchten, können auch wir jeweils nur einen Teil der Wirklichkeit erfassen. In dieser Geschichte aus Indien stieß der erste Blinde gegen die Flanke des Elefanten und sagte, ein Elefant sei wie eine Wand. Der zweite berührte die Spitze des Stoßzahns und war davon überzeugt, ein Elefant sei wie ein Speer. Der dritte, der den sich windenden Rüssel betastete, erklärte, ein Elefant sei wie eine Schlange. Der vierte schlang die Arme um ein Bein und sagte, ein Elefant sei wie ein Baum. Der fünfte, der das Ohr abtastete, bemerkte, ein Elefant habe eine große Ähnlichkeit mit einem Fächer, während der sechste, der den Schwanz ergriff, natürlich sagte, ein Elefant sei wie ein Seil. Daraufhin begannen sie darüber zu streiten, wer recht habe. Jeder hatte zwar einen Teil der Wirklichkeit, doch keiner hatte sie in ihrer Ganzheit erfaßt.

Vielleicht sind wir auch wie Platons gefesselte Menschen in der Höhle, die nicht fähig sind, aus der Höhle hinauszublicken, und nur die auf die Höhlenwand projizierten vorbeihuschenden Schatten sehen, und welche Theorien darüber aufstellen, was außerhalb der Höhle wahr und wirklich sei. Das Grenzenlose, Unendliche und Ewige können wir nie vollständig erfassen. Doch dieses flüchtige Erkennen oder dieses intuitive Wahrnehmen – der Wirklichkeit des Tao, Gottes oder des Selbst, in welcher Form dies auch immer geschehen mag – ist eine psychologisch zentrale Erfahrung des Menschseins. Es nährt unseren Geist, heilt uns von unserem Gefühl des Isoliert- und Getrenntseins und macht unsere Seele gesund.

In einer Episode von *Raumschiff Enterprise* wurde

ein Wesen aus einer anderen Welt, dessen bewußte Energie nicht an die Materie gebunden war, am Steuer des Raumschiffs *Enterprise* benötigt. Zu diesem Zweck mußte es sich einen Körper ausleihen, schlüpfte mit Spocks Erlaubnis in dessen Körper und probierte ihn an wie einen Anzug. Als es das Getrenntsein wahrnahm, das zum Menschsein gehört, lauteten seine ersten Worte, die Überraschung und Schmerz bekundeten: »Wie einsam es ist!« Die tiefere Bedeutung der Synchronizität liegt darin, daß sie gewisse Aspekte des kollektiven Unbewußten aufzeigt, das sich so verhält, als wäre es eins und nicht in viele Menschen, Tiere und in die Umgebung aufgespalten. In einem synchronistischen Augenblick spürt das vereinzelte Ich nicht länger, wie einsam es ist, sondern empfindet statt dessen ein Gefühl des Einsseins. Dies ist es, was uns bei einer synchronistischen Erfahrung so tief bewegt und was bei solchen Ereignissen ein Gefühl der Numinosität, der Religiosität oder der Spiritualität in uns auslöst. Wenn wir ein synchronistisches Ereignis erleben, erfahren wir uns als Teil einer kosmischen Matrix, als am Tao Teilhabende. Dank der Synchronizität wird uns ein flüchtiger Einblick in jene Wirklichkeit gewährt, in der zwischen uns allen, zwischen uns und allem Lebendigen, zwischen uns und dem Universum tatsächlich eine Verbindung besteht.

Anmerkungen

GW – Die gesammelten Werke von C. G. Jung, Olten 1971 ff.

KAPITEL 1

1 Frederick Franck; *The Zen of Seeing: Seeing/Drawing as Meditation*, New York 1973.
2 Lao Tse; *Tao Te King*, übersetzt von Sylvia Luetjohann, Haldenwang 1980.
3 Fritjof Capra; *Das Tao der Physik*, Bern/München 1977.
4 C. G. Jung; *Synchronizität als ein Prinzip akausaler Zusammenhänge*, in: *Die Dynamik des Unbewußten*, GW VIII, S. 457–553.
5 Ibid., S. 553.
6 C. G. Jung; *Verschiedene Schriften*, GW XVIII/2, S. 701.
7 R. H. Blyth; *Haiku*, Vol. 1, *Eastern Culture*, Japan, Hokuseido 1949, S. 198.
8 T. S. Eliot; *Vier Quartette*, Wien 1948, S. 13.

KAPITEL 2

1 C. G. Jung; *Synchronizität als ein Prinzip akausaler Zusammenhänge*, in: *Die Dynamik des Unbewußten*, GW VIII, S. 459.
2 *The I Ching*, or *Book of Changes*, übersetzt von Richard Wilhelm und Cary F. Baynes, mit einem Vorwort von C. G. Jung, Bollingen Series 19, Princeton, N. J. 1950.
3 C. G. Jung; *Über Synchronizität*, in: *Die Dynamik des Unbewußten*, GW VIII, S. 560.
4 C. G. Jung; *Die Archetypen und das kollektive Unbewußte*, GW IX/1, S. 15, Fußnote 8.
5 Ibid., S. 61.
6 C. G. Jung; *Briefe I*, Olten 1972, S. 487.

7 Ibid.
8 *Erinnerungen, Träume, Gedanken von C. G. Jung,* aufgez. und hrsg. von A. Jaffé, Olten 1971, S. 174.
9 Ibid., S. 200.
10 Ibid., S. 201.
11 T. S. Eliot; *Vier Quartette,* Wien 1948, S. 13.
12 Frederick Franck; *The Zen of Seeing: Seeing/Drawing as Meditation,* New York 1973.
13 Robert Browning; A selection by W. E. Williams, London 1954, S. 11.

KAPITEL 3

1 *Erinnerungen, Träume, Gedanken von C. G. Jung,* aufgez. und hrsg. von A. Jaffé, Olten 1971, S. 142.
2 Ibid., S. 143.
3 Hans Dieckmann; *The Constellation of the Countertransference in Relation to the Presentation of Archetypal Dreams: Research Methods and Results,* in: Gerhard Adler, ed.,: *Success and Failure in Analysis,* New York 1974 (dieser Beitrag enthält Informationen zur ASW und zur Synchronizität in der Analyse – nur englisch).

KAPITEL 5

1 C. G. Jung; *Die Probleme der modernen Psychotherapie,* in: *Praxis der Psychotherapie,* GW XVI, S. 77.
2 Richard Bach; *Illusionen,* Berlin 1978, S. 115.

KAPITEL 6

1 *I Ging, Das Buch der Wandlungen,* Düsseldorf 1956, S. 43.
2 Ibid.
3 Joseph Henderson; *A Commentary on the Book of Changes, the I Ching, Psychic* 3, No. 2 (September–October 1971), S. 9–12, 46.
4 *I Ging, Das Buch der Wandlungen,* Düsseldorf 1956, S. 290–291.
5 Ibid., S. 322.
6 Ibid., S. 225.
7 Ibid., S. 227.

8 Jerusalemer Bibel, hrsg. von D. Arenhoevel, A. Deissler, A. Vögtle, Freiburg im Breisgau 1968.
9 C. G. Jung; *Foreword to the* I Ching, Wilhelm Baynes translation, Bollingen Series XIX, Princeton, N.J. 1950.

KAPITEL 7

1 John Lilly; *Das Zentrum des Zyklons – Eine Reise in die inneren Räume,* Frankfurt/Main 1976.
2 Alan Vaughan; *Poltergeist Investigations in Germany, Psychic* 1, No. 5 (March–April 1970), S. 9–13.
3 Milan Rýzl; *Parapsychologie – Tatsachen und Ausblicke,* Genf 1970, S 150.
4 Ira Progoff; *Jung, Synchronicity and Human Destiny,* New York 1973, S. 104–106, Nachdruck mit Genehmigung der Julian Press.
5 C. G. Jung; *Synchronizität als ein Prinzip akausaler Zusammenhänge,* in: *Die Dynamik des Unbewußten,* GW VIII, S. 481.
6 Arthur Koestler; *Die Wurzeln des Zufalls,* Zürich 1972, S. 71–72.
7 Ibid., S. 99.
8 Wolfgang Pauli; *Der Einfluß archetypischer Vorstellungen auf die Bildung naturwissenschaftlicher Theorien bei Kepler,* in: *Naturerklärung und Psyche* (Studien aus dem C. G. Jung-Institut IV), Zürich 1952.
9 C. G. Jung; *Synchronizität als ein Prinzip akausaler Zusammenhänge,* in: *Die Dynamik des Unbewußten,* GW VIII, S. 457–553.
10 T. S. Eliot; *The Dry Salvages,* in: *Vier Quartette,* Wien 1948, S. 30.

KAPITEL 8

1 Mai-Mai Sze; *On Tao and the Tao,* in: *The Tao of Painting,* Vol. 1, Bollingen Series 49, New York 1956.
2 Carlos Castaneda; *Die Lehren des Don Juan – Ein Yaqui-Weg des Wissens,* Frankfurt/Main 1973, S. 88.
3 Ibid.
4 Ibid.
5 Lao Tse; *Tao Te King,* übersetzt von Sylvia Luetjohann, Haldenwang 1980.

6 *I Ging, Das Buch der Wandlungen,* Düsseldorf 1956, S. 119.
7 Rollo May; *Der Mut zur Kreativität,* Paderborn 1987, S. 11.
8 Hermann Hesse; *Die Morgenlandfahrt,* Ges. Werke Bd. 8, Frankfurt/Main 1970, S. 338.
9 Ibid., S. 329.

KAPITEL 9

1 Jerusalemer Bibel, hrsg. von D. Arenhoevel, A. Deissler, A. Vögtle, Freiburg im Breisgau 1968, Matthäus 6, 26–33.
2 C. G. Jung; *Mysterium Coniunctionis, Collected Works,* Vol. 14 (1963), S. 419–420, Fußnote,
3 T. S. Eliot; *Das wüste Land,* in: *Gedichte,* Frankfurt/Main 1964, S. 37–65.

Register

Anthony Robbins

Mit dem POWER PRINZIP zum persönlichen Erfolg

08/9686

Grenzenlose Energie – Das Power Prinzip
Wie Sie Ihre persönlichen Schwächen in positive Energie verwandeln
Das NLP-Handbuch für jedermann
08/9626

Das Robbins Power Prinzip
Wie Sie Ihre wahren inneren Kräfte sofort einsetzen
08/9672

Erfolgsschritte nach dem Power Prinzip
Ein kleiner Schritt an jedem Tag bringt Sie in einem Jahr zu Ihrem Erfolgsziel
08/9686

Heyne-Taschenbücher